戦後
アイヌ民族活動史

竹内 渉 著

解放出版社

はじめに

近年、研究蓄積が進みつつある「アイヌ史」研究においても、近現代の「アイヌ民族活動史」については、管見の限り余り深掘りされていないように見受けられる。

そこで、本稿は、戦後アイヌ民族活動史への理解を深めるための一つの「道具」として、主に一九四五年以降のアイヌ民族の復権にむけた「解放運動」をはじめとする諸活動史について、論究したものである。

不備不足の本稿であるが、ご高覧いただき、ご批判・ご教示をいただければ幸甚である。

引用文の標記等について

一、旧字体は新字体に、旧仮名遣いは現代仮名遣いに原則改めた。固有名詞は、旧字体であっても原則原文のままとした。明らかな誤記等は訂正した。
二、現在から見れば一部不適切的と思われる表現があるが、史資料的価値を考慮し、原文のままとした。
三、引用文中の〔　〕は、筆者による挿入。

目次

序章　前史　戦前の活動

戦前のアイヌ民族の組織活動

まず、戦後のアイヌ民族活動史に言及する前に、戦前のアイヌ民族の組織活動について触れてみたい。また、「北海道アイヌ協会一九三〇（昭和五）年設立[1]」説が流布していることについても考えてみたい。

一九二六（大正一五）年一月に旭川の砂澤一太郎他が、被差別部落民の解放を被差別部落民自身の手で勝ち取ろうとする、全国水平社[2]の設立に刺激を受け、「解平社《かいへいしゃ》[3]」を設立している。この全容は明らかになっていないが、その活動はそれほどの広がりはなかったようである。しかし労働運動や農民運動と結びついたアイヌによる組織活動の端緒であった。

また、藤本英夫[4]によれば、違星北斗《いぼしほくと》[5]がアウタリ（アイヌ同胞）の現状に悩んでいた大正末期に、小樽で港湾労働者として働いていた鵡川《むかわ》の辺泥和郎《べてわろう》と、同じく人夫をしていた違星北斗とが知りあい、辺泥和郎は「北斗とは、アイヌの自立について話し合い、意見が一致した[6]」という。

1920～30年代に結成されたアイヌ民族の組織概況

名称	設立年	設立地域	主要代表者	活動目的など
アイヌ一貫同志会	1926年		辺泥和郎（鵡川）、吉田菊太郎（十勝）、違星北斗（余市）	アイヌの地位向上
解平社	1926年	旭川	砂澤市太郎、松井国三郎、鹿川利助	給与地問題の解決、シャモの「圧迫」への抗議
茶話笑楽	1927年	余市	違星北斗、中里篤治	アイヌ青年の修養
十勝アイヌ旭明社	1927年	十勝	山川廣吉、中村要吉、伏根弘三	生活改善、生活向上
チン青年団	1932年	鵡川	辺泥和郎	「健全ナル国民」「郷土向上ノ中心」の育成
北海小群更生団	1933年	十勝	貫塩喜蔵	自己精神の修養、公民思想の善導
更生同志会	1935年	静内	森竹竹市	アイヌ民族更生

※『近代アイヌ教育制度史研究』（小川正人、北海道大学図書刊行会、1999年11月）208頁の表より一部改編引用。

そして、「ウタリのために」なることをしたいという北斗に共鳴した辺泥和郎は、「北斗が胆振《いぶり》、日高《ひだか》をまわって行商しているとき、辺泥は上川から天塩《てしお》を歩き、また十勝の吉田菊太郎は道東のアイヌの家々をめぐっていた。彼らは自分たちのそのようなつながりを〝アイヌ一貫同志会〟と呼んでいた」（一九二八年頃）という。

この「一貫同志会」も、「解平社」と同じく「水平社運動の刺激があった」という。

一九二七（昭和二）年五月、十勝アイヌ旭明《きょくめい》社《しゃ》が、帯広《おびひろ》市の十勝公会堂において、十勝アイヌの有志によって、「健全なる国民精神の涵養並びに生活改善を図ることを目的」として、結成された。なお、これには北海道庁吏員である河西《かさい》支庁社会係主任喜多章明《きたしょうめい》が深くかかわりを持っていた。

その喜多の著作『アイヌ沿革誌』[*7]「旭明社五〇年史」によれば、一九三〇（昭和五）年七月、北海道アイヌ協会が、設立されたことになっている。旭明社は旧土人保護法改正案を、道庁の主管部長たる学務部長岩本俊郷氏に提出したところ、主管課の竹谷源太郎社会課長から、提唱者は十勝アイヌのみの要請であるが、この問題は全道アイヌの問題であるから、全道アイヌ代表者の意見を聴かなければならない、と言われたという。

そこで、旭明社主催で、昭和五（一九三〇）年七月一八日、に札幌市北一条西一八丁目堯祐幼《ぎょうゆう》稚園を会場に、全道アイヌ代表者を召集して、「旧土人大会」を開催したところ、全道の代表者一三〇名程集まり、反対を唱える者がなく、全員一致で改正法律案を当局に要請することを決議し、さらに、これからこの要請を進めていくうえで、その運動母体が必要とのこととなり、全道ウタリを網羅する「北海道アイヌ協会」を結成することとなった、というのである。

そして同書で喜多は、「かくして我が十勝旭明社は全道のウタリ同族の主導権を握り、北海道アイヌ協会と提携して改正法案の推進に突進することになった」と誇らしげに記している。[*8]

しかし、この「協会」は、機関誌『蝦夷《えぞ》の光』や喜多の著作以外に情報がないため、その活動内容についてはほとんど把握できていない。

当時の新聞資料等で、この団体の結成の裏付けをするべく、探査した山田伸一北海道博物館学芸員によれば、裏付ける資料を見つけ出すことができないばかりか、かえって、団体の結成そのものを疑わざるを得なかった、という。

そこで、以下、『近代北海道とアイヌ民族』[*9]を参考にして、「一九三〇年設立の北海道アイヌ協会」の実態に迫ってみたい。

『十勝毎日新聞』（一九三一年二月一八日）に「昨年開催予定であった『アイヌ大会』は種々の関係で実現を見なかった」と、この大会自体が実施されなかったという報道がある。

また、一九三〇年九月七日十勝公会堂（帯広）にて「旭明社弁論大会」が開催され、弁論大会終了後、喜多により旭明社から北海道アイヌ協会への名称変更提案が出されたが、「喜多の提案を代表者の協議という手続きを経て否決している」[*10]。

喜多が自著で一九三〇年七月一八日に「北海道アイヌ協会」を設立したと記したことが、仮に事実であるとすれば、その約二カ月後の九月七日に十勝旭明社を「北海道アイヌ協会」に名称変更を提案したということは、論理矛盾である。

また、「北海道アイヌ協会」の機関誌である『蝦夷の光』は四号まで発行されているが、その中で「北海道アイヌ協会」の設立に触れた文章は見あたらない。また、定款、事業計画及び実績、予算決算等の団体の活動に関することもない。

したがって、これらのことから筆者は、喜多の言う一九三〇年七月一八日に「北海道アイヌ協会」を設立したという事実はなかったと考える。

しかし、いわゆる「全道アイヌ青年大会」が、一九三一年八月二日、札幌の堯祐幼稚園で開催されたことは確かである。この大会は、「初めての全道規模のアイヌ民族の会合」であり、「相互の意見交流を通しての連携の強化と、『保護法』を機軸とした諸政策に対する意見の反映を強く望む、アイヌ民族の熱意を背景に、アイヌ民族の教化と組織化を図ろうとする道庁社会事業当局者、およびその一翼を担う立場にあった社会事業家ジョン・バチェラーの主導によって開催されたものであったと言えよう[*11]」というものであった。

この大会において、「北海道アイヌ協会」の支部新設の提案があり、採択されている。設立されていない団体の支部の新設というのは、不思議な感じがするが、山田によれば「吉田〔菊太郎〕及び喜多は、まっとうな設立の手続きを欠き組織としての実態が乏しい状態にあった『北海道アイヌ協会』を、この『大会』を機会に実態ある組織にすることを企図した。すでにあたかも全道組織であるかのように『北海道アイヌ協会』の名前が一人歩きしていたことと整合性をとるため、新しい組織の設立提案をすることは見送り、支部新設の提案とした。参加者たちの多くは既成の『アイヌ協会』について設立に主体的に参加したという意識はなかったものの、全道的な連携を求める気持ちは強く、全員が支部新設の提案に賛成した[*12]」ということらしい。

また、後述する一九四六年の設立時に「再結成」、「再建」などの文言が使われた形跡は、機関誌『北の光』創刊号に[*13]、喜多のみが「再び諸君に見ゆ」などで、

昭和六（一九三一）年、余は北海道アイヌ協会を開設し、その機関誌として「蝦夷之光」を刊行し、諸君の先輩と紙上親しく相見えた。

と触れている以外は、「一九三〇年設立」については、まったく話題になっていない。また、喜多自ら「昭和六（一九三一）年、余は北海道アイヌ協会を開設し」と「一九三〇年設立」と矛盾する記述をしている。また、「機関誌として『蝦夷之光』を刊行し、諸君の先輩と紙上親しく相見えた」と記していることは、それ以外の活動がなかったことを示唆している。これらのことからしても、「一九三〇年設立」の史実はなかったと言えるだろう。

結論として、既成事実の積み重ねを追認するという曖昧《あいまい》な決定（実態のない組織の支部新設）をもって、「北海道アイヌ協会」という組織が事実上設立されたことになった。そうであれば、一九三一年八月二日が設立日であるはずだが、喜多は「この時の曖昧な『追認』の事実を『蝦夷の光』創刊以前に持ってきた上で、その内容を『創立の決定』に置き換え、『北海道アイヌ協会』が全道のアイヌの意志によって発足したように事実を改変してしまったものと考えられる[*14]」。喜

（1930年の）北海道アイヌ協会「設立」関係資料整理

出典等	内容	判定	備考
『十勝毎日新聞』1931年2月18日	「昨年開催予定であった『アイヌ大会』は種々の関係で実現を見なかった」	非設立	「創立」大会が実施されなかったと報道
喜多章明著『アイヌ沿革誌』「旭明社五〇年史」	「昭和五年〔一九三〇〕年七月一八日旭明社主催の下に札幌市北一条西一八丁目堯祐幼稚園に、全道旧土人の代表者を召集し『旧土人大会』を開催し」、「『北海道アイヌ協会』を結成すべく議題に供し、万場拍手のうちに本協会は誕生した」	設立？	これが真実なら、次項の九月七日に組織名称変更提案する必要がない
旭明社弁論大会、1930年9月7日	喜多から「旭明社から北海道アイヌ協会への名称変更」が提案されるも否決	非設立	前項と論理矛盾する
「全道ウタリーに諮る」『レラコラチ森竹竹市遺稿集』（えぞや、1977年）	森竹竹市は、一九三四年の新春を貝沢藤蔵と旭川の川村兼登と「久方ぶりに胸襟を開いて「生きて行く道」について語り合ふことが出来」たといい、「其れにつけてもお互いのそうした希望を発表する様な機関の無いのは不都合であると思っていた矢先に、川村、貝沢の両兄よりも同様な意見があ」った	非設立	『近代アイヌ教育制度史研究』（小川正人著、北海道大学図書刊行会、1997年11月）より孫引き
『北の光』創刊号、1948年12月	昭和六〔一九三一〕年、余は北海道アイヌ協会を開設し、その機関誌として「蝦夷之光」を刊行し、諸君の先輩と紙上親しく相見えた	非設立	喜多章明自らが、「一九三〇年」設立を否定したことになる
『先駆者の集い』創刊号、1963年3月	「北海道ウタリ協会のその淵源は昭和二一年社団法人北海道アイヌ協会に発したのであります」	非設立	「発刊のことば」森久吉理事長

多は歴史を変えてしまったようだ。

藤本は、「多くのアイヌたちには、このアイヌ協会に期待するものが大きかった。けれども北斗らが、水平社運動と心情的に連帯した精神は、水にうすめられていた。このことについて辺泥和郎は、『……自称和製バチェラー氏〔引用者注：喜多章明〕の個人的思想が、われわれウタリーのイメージと断絶し、〔できあがった会は〕せまい運動にとじこもった空なものになってしまった』〔筆者あて書簡による〕と、反省している」[*15]と述べている。

「北海道アイヌ協会」は、機関誌の発行以外の取り組みは皆無であったようである。しかし、四号の機関誌の発行により、全道各地のアイヌから二〇名を超える寄稿があり、「紙上親しく相見えた」その意義は小さくないものがあった。[*16]

このときのバチェラーと向井山雄の関係について村井紀は、次のように論究している。「全道アイヌ青年大会の主催者の一人であるバチェラーの提案は、『悉く否決され』たと報じられており（『北海タイムス』一九三一年八月四日夕刊）、どうやら山雄が事態を収拾したように見られる。〔中略〕バチェラーの意向は無視され、すでに影響力は失われていた。もっとも、彼はこの時、七八歳の高齢であった」[*17]。

「全道アイヌ青年大会」並びに「北海道アイヌ協会」は、一九三七〔昭和一二〕年の「旧土人保護法改正」に大きな影響を及ぼしたと思われる。しかし、その後の世界大戦にいたる戦時色の前に機関誌の発行もままならないようになる。

注

＊1　たとえば、『アイヌ民族の歴史』（榎森進著、草風館、二〇〇七年三月）四七五頁。『アイヌ民族の歴史』（関口明・田端宏・桑原真人・瀧澤正編、山川出版社、二〇一五年八月）二一六頁。

＊2　近代日本の被差別民（近世社会では主として「えた」身分として把握されていた社会的共同体の人々）が中心となって結成された自主的・全国的な部落解放団体。水平社運動とも言われた。一九二二（大正一一）年創立（『部落問題・人権事典』部落解放・人権研究所編、二〇〇一年一月）。

＊3　『竹ヶ原幸朗研究集成第二巻　近代北海道史をとらえなおす』「「解平社」の創立と近文アイヌ給与予定地問題」（竹ヶ原幸朗著、社会評論社、二〇一〇年三月二五日）。

＊4　藤本英夫。一九二七年留萌管内天塩町生まれ。北海道大学経済学部卒。一九五一年静内高校教諭となり、アイヌに関する研究を始めた。のち星園高校教諭に移り、札幌市が刊行した『札幌百年のあゆみ』の編集員となる。一九七一年に北海道教育庁に入り、一九八一年退職。北海道埋蔵文化財保護センター常務理事、同文化財保護協会専務理事を歴任。著書は、アイヌの葬制と、考古学時代の北海道の葬制を主内容とした『アイヌの墓』『北の墓』、アイヌ研究を行っているうちにアイヌ民族の血をひくアイヌ研究者である知里幸恵・真志保姉弟に深く興味を持ち研究した『銀のしずく降る降る』『知里真志保の生涯』（いずれも新潮

＊5　社)。二〇〇五年一二月二四日、くも膜下出血のため死去(『北海道文学大事典』を一部改編し引用)。

違星北斗。歌人。一九〇一年余市生まれ。本名は滝次郎。アイヌの復興はアイヌの手によってせねばならない、という確固たる信念のもとに活動。一九二五年、東京府市場協会の職を得て上京を果たすも、一年半の上京生活の後、アイヌの復興への想いに駆られ、北海道に戻る。帰道後は、アイヌの復興活動を精力的に始める。同志の辺泥和郎、吉田菊太郎とともに「アイヌ一貫同志会」と称する結社をつくり、売薬の行商をしながら全道のアイヌコタンをめぐって、同族の自覚と団結を説いてまわる。また、それに並行して、北海道の有力紙の一つ『小樽新聞』や、歌誌『新短歌時代』などで短歌を発表し続けた。一九二九年志半ばにして、死去、二七歳。北斗の死後、『違星北斗遺稿集　コタン』(希望社)が発行され、これが、違星北斗の唯一の著書。北斗の死後設立した北海道アイヌ協会の活動を担った人々の多くが、彼の影響を受けている(違星北斗.comより一部改編し引用)。

＊6　「アイヌ論考二」『近代民衆の記録五　アイヌ』新人物往来社、一九七二年六月。

＊7　『アイヌ沿革誌』喜多章明著、北海道出版企画センター、一九八七年五月。

＊8　「旭明社五十年史」の該当部分を以下に引用する。

旭明社は以上の案件〔引用者注：旧土人保護法改正案〕を具して、先ず道庁の主管部長たる学務部長岩本俊郷氏に提出した。然《しか》し乍《なが》ら事が法律の改正ともなれば、道庁でもおいそれと腰を揚げる訳がなく、殊に旧土人小学校廃止の件は、学務課の同調を得なければならないが、学務課では各々縄張を固執して譲らず、主管課の社会課と学務課との間で甲論乙駁《こうろんおつばく》の論争が行われたが、いつもいつも物別れとなり、一向に話が軌道に載って来ない。そこへ主管課の竹谷源太郎社会課長が「提唱者は十勝旧土人のみの要請であるが、此の問題は全道旧土人の問題であるから、全道内部落旧土人代表者の意見を聴かなければならぬ」と言い出した。

そこで昭和五〔一九三〇〕年七月一八日旭明社主催の下に札幌市北一条西一八丁目堯祐幼稚園に、全道旧土人の代表者を召集し「旧土人大会」を開催した。集まった全道の代表者は一三〇名、勿論反対を唱うる者がある筈がなく、改正法律案を提げて当局に要請することを全員一致で決議した。然して大会は今後此の運動を促進する必要上、運動母体を結成することになり、直に全道ウタリを網羅したる「北海道アイヌ協会」を結成すべく議題に供し、万場拍手のうちに本協会は誕生した(今の「北海道ウタリ協会」の前身)。

設立当初の役員は次の通りであった。

会長　喜多章明
副会長　十勝　吉田菊太郎
〃　胆振　向井山雄
〃　〃　佐茂《さも》菊蔵
〃　日高　貝沢善助
〃　十勝　伏根《ふしね》弘三
〃　北見　丸山武雄

かくして我が十勝旭明社は全道のウタリ同族の主導権を握り、北海道アイヌ協会と提携して改正法案の推進に突進することになった。

＊9　山田伸一著、北海道大学出版会、二〇一一年五月、四一一～四五九頁。「北海道アイヌ協会」と「全道アイヌ青年大会」。なお、同協会の名称は、機関誌『蝦夷の光』創刊号では、「北海アイヌ協会」だが、二号以下では「北海道アイヌ協会」となっている。煩雑さをさけるため、本書では「北海道アイヌ協会」と統一して表記した。

＊10　山田、前掲書、四二六頁。

＊11　同、四三五頁。

＊12　同、四四三頁。

＊13　一九四八年一二月二五日発行。発行部数不明。『北の光』は創刊号のみが発行された。

＊14　山田、前掲書、四四四頁。

＊15　前掲「アイヌ論考一」。

＊16　ちなみにこの当時の北海道(庁)は都道府県レベルの地方自治体ではなく、国の一機関であった。たとえば、文化庁や北海道開発庁と同種の機関である。したがって、北海道においては、都道府県レベルの地方自治体がなく、必然的に知事もいなかった。現在の北海道立学校は、当時、北海道庁立学校であり、いわば国立校であった。一九四七年に北海道庁が廃止され、北海道という地方自治体が設置され、「晴れて」知事が誕生した（八千代国際大学紀要『国際研究論集』（第七巻第二号、一九九四年七月）「アイヌ民族の『領

土権』と植民地北海道」上村英明）を参照した。

＊17　バチェラー八重子『若きウタリに』（岩波現代文庫、村井紀「解説」、二〇〇三年一二月）。

第1章　社団法人北海道アイヌ協会設立

アイヌ民族の最大組織であるアイヌ協会の活動史は、本稿では欠かすことができない事項であることから、できるだけ詳細に論究したい。

社団法人北海道アイヌ協会の設立

浦河《うらかわ》町出身で調教師であった小川佐助は、一九四四（昭和一九）年、戦争が激しさを増してきたため、競馬が休止になり、競走馬の疎開をかねてふるさと北海道に戻ってきた。

小川について興味深いエピソードがあるので紹介する。小川は、地元浦河のアイヌのためになることを行うべく、浦河町役場を訪ねると、税金の滞納に困っているという。そこで未納額を聞き、一度全部立て替えたというのだ。しかも、「はて金額はもう忘れてしまったけど、なに、しれたもんだったよ」という態度であった。

そしたら、小川は金持ちと思ったのか、浦河町長から町で建設する日赤病院と女学校への寄付を要請され、それぞれ一〇〇〇円ずつ寄付したという。一九四四年当時、巡査の初任給が四五円、早稲田大学と慶応義塾大学の文系学部の一年間の授業料が、それぞれ三四〇円と三五〇円（http://tanaka-hikaru.com/archives/380 から）というから、かなりの高額寄付ということができる。

　こうして久しぶりにふるさとに戻ってきた小川は、同族の状況の劣悪さを知り、その打開に向けて動き出すことになる。

　荒井源次郎が、『荒井源次郎遺稿　アイヌ人物伝』で、「戦争が終わって、私たちアイヌは、長かった人種差別・人権無視の社会に、やっと『おさらば』できる真の解放がやってくる、そう信じていた」と記しているように、第二次大戦後、ＧＨＱ（連合国軍総司令部）を民主化、解放の救世主的に歓迎する空気が充満する中、全道各地で自らの解放に向けた取り組みを模索する動きが、アイヌの中で起きてきた。アイヌ協会設立への思いが全道各地からわき上がり、一九四五（昭和二〇）年、小川が「アイヌ協会を創立するために、札幌でその下準備の会議をやるのに、全道の主だったアイヌが集まる事になっておって、日高《ひだか》から僕が行って、鵡川《むかわ》から辺泥和郎《ぺてわろう》さんも行った」[*1]と述べているように、札幌において何度か会議が持たれた。『北海道新聞』一九四六（昭和二一）年一月二六日によれば、札幌市北海道庁にて北海道アイヌ協会「結成準備会」が開催され、「伊達《だて》町議向井山雄、白老《しらおい》村森竹竹市、日高門別《もんべつ》村議鹿戸才斗《しかとさいと》その他道内アイヌ人有志約二〇名が参集」した。

なお、準備会の会場が北海道庁ということと、向井は、「過日北海道庁社会課事務官山本氏に社会課主催にてウタリ大会を開催して頂くよう皆様の御賛成を得て御願いを致しましたが、山本事務官は此の事に御賛成なさらないので非常に残念に思いました。山本さんの御話ではウタリが必要と認めるならば御自由に開いてもよいと申して居りました」[*2]というように、かねてより道庁の協力のもとに事を進めようという姿勢があったことからして、道庁なり、その吏員である喜多《きた》章明《しょうめい》の支援・協力のもとに結成準備がされたのであろうし、このことは、その後の協会の性格なり方向性をある程度決定づける要因の一つになったと考えられる。

こうした諸準備のうえに、一九四六（昭和二一）年二月二四日、静内町公民館において、「設立準備委員会」（向井山雄、吉田菊太郎、知里高央《ちりたかお》、鹿戸才斗、小川佐助、外二〇名）の呼びかけに応じた、北海道各地のアイヌ約七〇〇名[*3]が参加し、社団法人北海道アイヌ協会の設立総会が開催され、次のとおり役員が選出された。

理事長　向井山雄（伊達）

静内町公民館　写真／新ひだか町博物館

副理事長　吉田菊太郎（十勝）、鹿戸才斗（門別）
常務理事　小川佐助（浦河）
理　事　文字常太郎《もじつねたろう》（大岸《おおきし》）、森久吉（登別《のぼりべつ》）、去間《さるま》弁次郎（様似《さまに》）、江賀寅三（静内）、渕瀬惣太郎（新冠《にいかっぷ》）、貫塩喜蔵《ぬきしおきぞう》（白糠《しらぬか》）、川村兼登《かねと》（近文《ちかぶみ》）、幌村《ほろむら》運三（三石《みついし》）、清川正七（平取《びらとり》）、知里高央（登別）、門別喜門（門別）
監　事　森竹竹市（白老）、辺泥和郎（鵡川）、平村勝男（平取）
参　与　知里真志保《ちりましほ》（登別）、大川原コピサントク（鵡川）
顧　問　斎藤忠雄、坂東秀太郎、渡利強[*4]

なお、組織の名称決定について、小川正人による聞き取り記録[*5]によると、浦河から参加した富菜氏によれば、大会は向井山雄が仮議長で、はじめに組織名称について、参加者に意見を求めたら「おっきな体格の、おっきなおやじが座って」いて、富菜氏には誰だかわからなかったが、門別の鹿戸才斗が「アイヌのことだから、アイヌでいいんでしょ」と言って、「はいそれでは、アイヌという名称にしましょう」と決まった、という。

富菜氏は「格好も言葉も体裁ないんだけれどもね、『アイヌのことだからアイヌでいいべい』ではい一発決まった。忘れられないんだ、そういうことは」と率直な感想を述べている。

一九六一年にウタリ協会に名称変更したが、原点は、まさにアイヌの組織だから、アイヌ協会であった。

一九四六年三月三日知事認可を受け、同二六日法人登記された。

設立総会案内状

ここで設立総会案内状について若干触れてみる。

管見の限り、設立総会案内状を紹介している文献も、論究している論文もない。アイヌ協会の書庫を確認したが、同案内状を見つけることができなかった。しかし、釧路市図書館に保管されている山本多助の所蔵資料（「山本多助文庫」）の中に、山本多助あてに出された案内状が所蔵されていた。

謄写版刷りで、あて名（山本多助）及び最後の添え書きは手書きである。大きさはB四サイズ*6（脚注に全文の翻刻、斜字は手書き部分）。

敗戦後の民主化を期待し、解放への希望がふくらんでいた世相を反映し、「新発足の好期を与えられた」と考え、「アイヌ民族の総力を結集し」て、「北海道アイヌ協会を組織し社団法人として法的に之を確立せんとし」て設立総会を開催すると案内している。

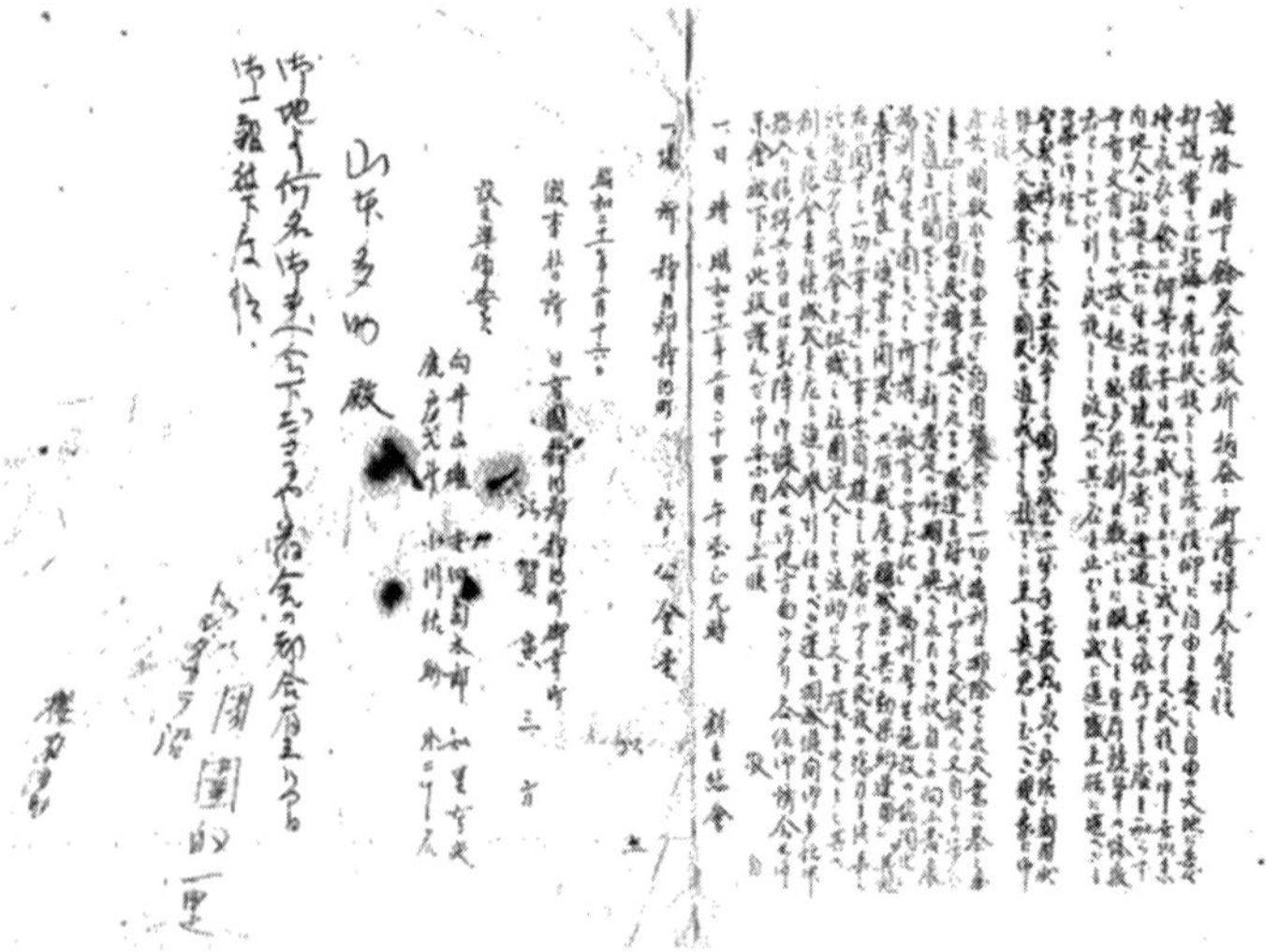

設立総会案内状（「山本多助文庫」）

なお、総会後、法人登記申請をし三月二六日に社団法人として認可されている。

初代理事長向井山雄

初代理事長の向井山雄（一八九〇年五月一九日〜一九六一年二月二四日）は、伊達市有《う》珠《す》出身。「有珠小学校四カ年終了後、明治三五（一九〇二）年一二才で、虻田《あぶた》第一尋常小学校に一年間通学している。学校一番の聞き《(ママ)》かん気の少年という評判だった[*7]」という。

立教大学神学科卒で聖公会司祭、伊達町議会議員、漁業組合役員などを歴任している。バチェラー八重子は実姉。大学卒も司祭按手《あんしゅ》もアイヌ初である。

小川佐助と森久吉から初代理事長を引き

受けてほしいとの依頼を受けて、「俺は宗教家だから理事長など適任だとは思わぬが、強ってというなら引き受けてもいい。しかし仕事は、君たちに任せるから好きなようにやって呉れ」[*8]ということだったという。したがって、協会の中心は、運営も資金面も小川佐助であった。

向井は、雄弁家で、町議会でも自らの提案をとおすために椅子を振り回すこともあったという「実力行使」派で、他人のために奔走しすぎて、司祭職をあまりこなせず、同じクリスチャンの姉、バチェラー八重子を嘆かせるほどの行動派であった。

また、彼は、「名説教家としても知られていた。八重子もつねづね『弟は説教がうまい』と感心したり、自慢もしていた」[*9]という。筆者の聞き取り調査でも「説教はうまかった。いい声で背筋がふるえたよ」という人があった。後述の「新冠《にいかっぷ》御料地並びに日高種馬牧場解放促進大会」[*10]（主催：北海道アイヌ協会、於：浦河町、一九四六年九月一〇日）の音声記録を聞くと、理事長として大会挨拶をしているが、音量があり響のよい低音でよどみない名演説である。

向井のことを結論的に表現するならば、掛川源一郎の次の文が最も端的に言い当てているだろう。

小指を切断する苦痛にも泣き声ひとつ立てなかった強情我慢の少年時代、同級生と喧嘩して問題になった神学院時代、町議会で椅子を振り回した実力行使の町議時代。バチラーの後継者に目され、その片腕として学園の運営に預かったり、〈アイヌ伝道団〉の副団長として同族聖職者の団結と意識向上を計った。また、漁業組合理事や道の民政委員、ウタリ協会理事長などを務めた山雄は、「向井は宗教家でなく政治屋だ」などと、一部に陰口をたたかれたりもしたが、彼の人生は、少年時代から持ち前の、意地っぱりと負けじ魂で、ウタリを差別する和人社会の不条理に対して、彼なりのやり方で抵抗し、挑戦することに貫かれたのではなかったか。*11

現代の語りべ的存在である阿寒の山本文利から、向井の人柄を表す面白いエピソードを聞いた。十勝を訪れた向井に「たまには羽目を外して楽しみましょうや」と言って、向井を遊郭に誘った剛の者がいたそうな。そこは聖職者「馬鹿なことを言うな、私がそのようなことを、するはずがないだろう」と一喝したという。

定款の起草者は誰か

定款から協会の目的、事業を見てみると、「アイヌ民族の向上発展福利厚生を図る」ことを目的とし、この目的を達成するため、

一、教育の高度化

二、福利厚生の施設経営

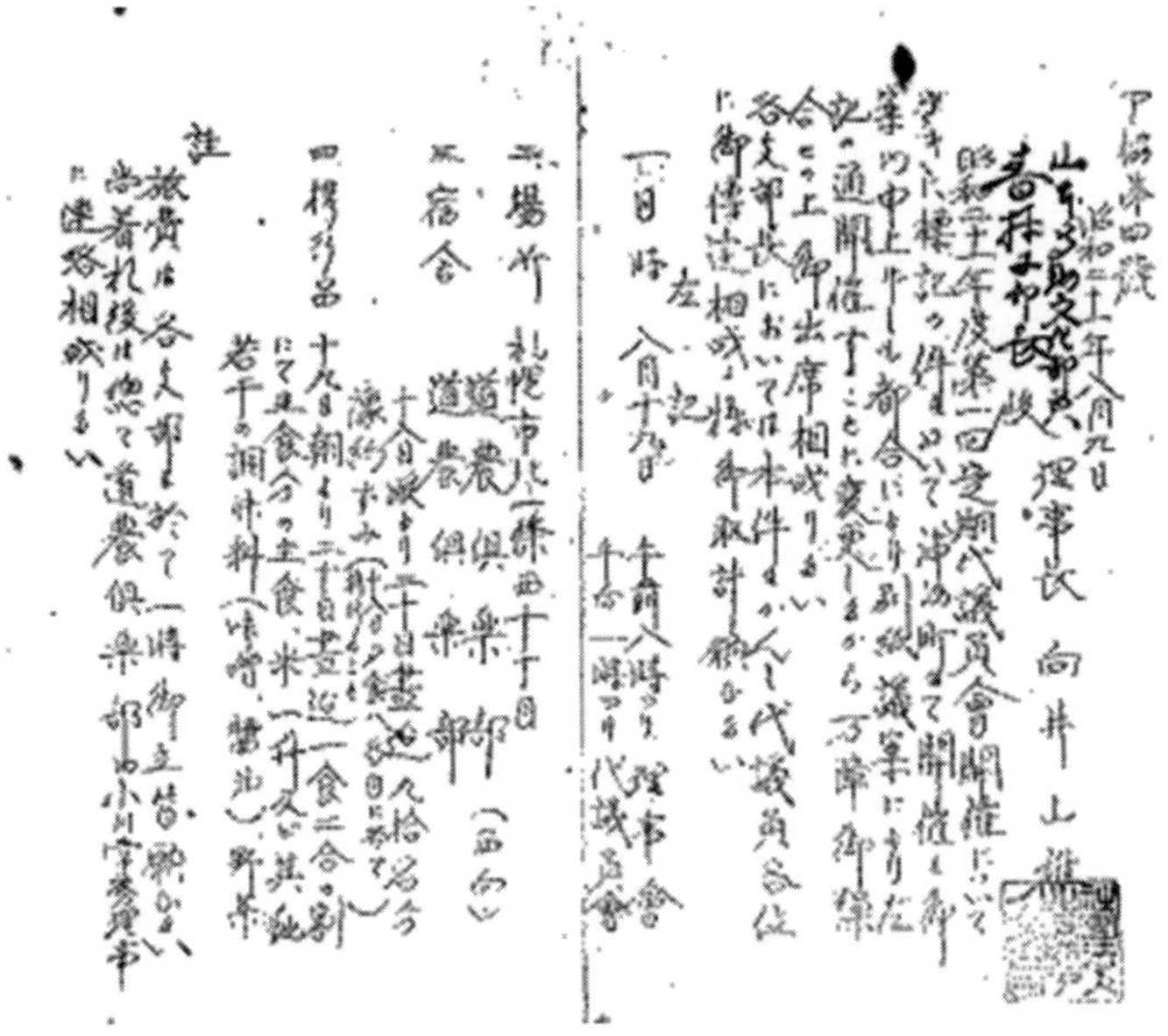

昭和21年度第1回定期代議員会通知文（「山本多助文庫」）

三、職業の確立
四、授産及び生業融資
五、指導連絡
六、その他

という事業を行うとしている。二の福利厚生の施設経営とは、登別温泉にあった温泉療養所の北星寮の経営を指し、その責任者は、森久吉理事であった。なお、この経営責任問題が、後述する一九六〇（昭和三五）年のいわゆる再建総会で大きな争点の一つになる。

ここで定款の起草者について考えてみたい。小川佐助によれば、

そしてどうにか静内で創立総会を

やって、その時の役員に選ばれたのは理事長に向井山雄さん、副理事長に吉田菊太郎さん、鹿戸才斗さん等がなって、僕は常務理事と言う事になったんだ。
だから総会後の事務は大方僕一人でやったんだよ。知里真志保さんの兄貴の高央さんに会の会則だけ作るの手伝ってもらってな。*12

と、知里高央が定款の起草者だと言っている。また、知里の縁戚者に確認したところ、六〇年も前のことで確かな記憶ではないが、という前提ではあったが、「確か、本業の仕事の他に書類を抱えて、相当考え、文章もかなり直す作業をしていたと聞いたことがあり、それが定款の起草だと聞かされたような記憶がある」と語ってくれた。

ということで、常務理事を務めた小川や縁戚者の証言があること、また、後述するアイヌ協会昭和二一（一九四六）年度収支決算書の人件費欄に、定款の起草等への謝礼として支払われたと理解できる「知里高央百円」の記載があることから、筆者は、定款起草者は知里高央としたい。

昭和二一年度第一回定期代議員会

設立総会から約半年後の八月九日に「定期代議員会」が開催された。その案内状も設立総会案内状と同じく、「山本多助文庫」の中に所蔵されていた。

それには、「ア協第四号」とあり、北海道アイヌ協会としての支部等への公文書がこれより前に少なくとも三通出されていることになるが、未見である。

あて名は、「山本多助文化部員」「春採《はるとり》支部長殿」と二種並列に書かれている。「文化部員」とは、定款には定めが記載されていないが、この時期の役員名簿によれば、専門部を設け、部長・部員をそれぞれ選任していたようである。山本多助が文化部員になっているように、必ずしも理事・監事でなくても就任できたようである。なお、この名簿の作成時期は不明だが、「役員各部門部長並に部員は創立時選任のもの、その后若干の移動あり。農地部は昭和二二年八月新設せり」とあることから、農地部を除いた部長・部員の選任は、創立時であることがわかる。また、「春採支部長」となっているが、これは「釧路支部長」の誤記であろう。

案内状によれば会場・宿舎とも札幌の「道農倶楽部」である。「尚着札後は総て道農倶楽部の小川常務理事に連絡相成りたい」とあることから、小川佐助が手配し、宿泊代等も負担した可能性がある。ただ、「旅費は各支部に於て一時御立替願いたい」とあることから、交通費は各支部（もしくは参加者）の負担と思われる。また、携行品として「一九日朝より二〇日昼迄一食二合の割に五食分の主食、米一升及び其ノ他若干の調味料（味噌、醤油）野菜」とあり、終戦直後の食料不足の状況を物語っている。

代議員会は、当時の定款によれば、各支部からその会員数に応じて一～三名の代議員（議決権者、任期二年）を選出し、「本会ノ会議」は「総会及代議員会ノ二種」であり、「定款ノ変更。役員ノ選任・解任。財産ノ得喪及会員ノ除名。本会ノ解散並ニ清算ハ総会ニ於テ之ヲ議ス」とあり、「前項以外ノ事項ハ之ヲ代議員会ニ於テ議ス」と規定されていることから、予算決算、事業計画、事業報告等について協議議決する機関だった。

『アイヌ新聞』[*13]第九号（一九四六年九月一日）には、「アイヌ協会代議員会白熱的討議で終了す」の見出しで代議員会のことが次のとおり記載されている。

社団法人北海道アイヌ協会定期代議員会は、八月一九日午後二時より北海道会議員室において、向井理事長以下吉田、鹿戸両副理事長、小川常務、文字、森、去間、淵瀬、江賀、貫塩、川村、清川、知里、門別の各理事及び森竹常任、辺泥、平村の各監事、道庁より渡利厚生課長能登事務官池田和美氏、特に在札進駐軍情報係将校等臨席の下に一九支部代議員、正副支部長等八〇余名参集の下に開催された。まず向井理事長の挨拶に次で小川常務の諸報告あり、各支部代議員より、予算、事業、各部の業務、協会の運営等に質問あり、本部側これに答弁、終って各支部提出の六〇余件の事項の白熱的審議に入ったが、時間が短いため本部側の具体的な応答が与えられず、支部側は満足出来ず夜となり、結局道農倶楽部（宿舎）に午後九時続会したが、これも時間の都合で充分ではなかった。しかし一〇年振りのアイヌ大会だけに一同は非常に張切っていた。

議案として、「予算決定に関する件」、「創立総会費用弁償承認に関する件」、「本協会資金醸成に関する件」、「本協会事業計画に関する件」、「支部設置規定決定に関する件」とあり、この中で「創立総会費用弁償承認に関する件」とあるのは、創立に当たってかかった経費を誰か（おそらく、小川佐助）が、立て替えてあったのを事後承諾で承認させ、弁済しようとしたものと思われる。敗戦後の解放への期待ふくらむ雰囲気の中で、「新発足の好期」とばかりに、急いで設立してみたが、先立つものの手当は後手であったようだ。それを示す資料として、『アイヌ新聞』号外（一九四六年一〇月一五日）に次のことが記されている。

アイヌ協会が資金難のために幾多の事業が足踏し、専任書記等も置けず、理事等は頭を悩ましている。アイヌ協会の一大運動たる例の日高種馬、新冠御料牧場開放運動のために小川佐助常務理事、文字常太郎理事、森久吉理事等が上京して来た費用も結局三氏が自費という結果になっている。〔中略〕一理事は協会を結成の際小川常務が資金は幾等でも集まると大言したのに今になってこんな実情ではどうもならん云々、小川氏は新円制になったので資金の造成が困難になったんだと称しているが、この程道競馬協会から一万円を寄付して貰った。しかし協会当

アイヌ新聞

發行所
アイヌ新聞社
札幌市北大通東五ノ四
編輯兼發行印刷人　高橋眞

社説

道廳長官公論

今秋は市町村長及び各議員や道議の改選と共に初の道廳長官の公選制が決定し早くも候補者の噂は昂り各黨に於ても準備おさ〳〵怠りない。然し茲に嚴戒を要するのは追放組の元代議士達の暗躍で、彼等は自己の息のかゝつた者を長官にさせ樣と陰で糸をひいてゐるといふ。追放者の政治活動はマ司令部の警告に依つて禁止されてゐるが、本春の代議士選擧に彼等の身代りが出て、愈よ保守的非民主的政治に拍車を加へたるが如きは選擧民の一大失態で、吾等アイヌは本道進駐軍スイング少將以下の保障占領政策の正しさに感激すると共に、一般の敗戰觀念が余りにも稀薄になつてゐる點を遺憾に思ふもので、ポツダム宣言の忠實なる履行をこそ一刻も忘れる事なく、特に長官の如きは選擧民の方でこそ運動して立つて貰ふ程の人物でなければならず現在噂に上る人物は現增田長官に太刀打の出來ぬ者のみたるを指摘するものである。選擧民の自覺と眞の民主化をこそ望むや切である。

アイヌ協會代議員會白熱的討議で終了す

社團法人北海道アイヌ協會定期代議員會は八月十九日午後二時より北海道會議員室に於て向井理事長以下吉田、鹿戸兩副理事長、小川常務、文字、森、法川、淵瀬、江賀、貫塩、川村、清川、知里、門別の各理事及び森竹常任、邊泥、平村の各幹事、道廳より渡利厚生課長能登事務官池田和美氏、特に在札進駐軍情報係將校等臨席の下に十九支部代議員、正副支部長等八十餘名參集の下に開催された。先づ向井理事長の挨拶に次で小川常務の詳報告あり、各支部代議員より、豫算、事業、各部の業務、協會の運營等に質問あり、本部側之に答辯し、總つて各支部提出の六十餘件の事項の白熱的審議に入つたが、時間が短い爲本部側の具體的な應答が與へられず、支部側は滿足出來ず夜となり、結局道農倶樂部（宿舍）に午後九時續會したが、これも時間の都合で充分ではなかつた。然し十年振りのアイヌ大會だけに一同は非常に張切つてゐた。

アイヌと和人の差別
增田長官撤廢を主張

道廳長官增田甲子七氏は八月二十七日午後六時記者との會見に於て左の如く語つた。

アイヌ協會から願出てゐる御料牧場等の開放問題に就ては種々の誤解も生じてゐる向もあるようだが、當廳の八月十四日付の指令で明白に、牧場創設當時轉住を命ぜられた者（アイヌ）をのみ優先的に牧場開放の曉は審査の上それ〲農耕適地を與へ他の者に就ては一般と同樣な取扱をする事としてゐるのである。また自分としてはアイヌとか和人の區別をなくし、天皇の赤子として共に明るい理想的生活を營み得る事を望んで此の線に向つて努力中でありアイヌ諸士の自覺も必要であると思ふ。

野田場長の民主振り

最近北海道水産鮭鱒孵化場長野田信俊氏に各地のアイヌ部落から漁業權問題で陳情する者が多いが、野田場長はそれ〲民主的な解答を與へて居り多大の感激の的となつてゐる。

アイヌ雄辯大會開催す!!

アイヌ新聞社主催十勝アイヌ青年雄辯大會は九月二十三日帶廣市に於て開催と決定目下地元名士等の協力を要請中で早くも期待の的となつてゐる

保護法一部を廢止

來る十月一日より生活保護法が實施されるので舊土人保護法の第四條から六條までは廢止と決定、住宅改善學資金等に就ては厚生課長渡利強氏及び能登事務官、池田囑託等が豫算の增額方に就て國費を支辯さすべく厚生省當局へ接渉を續けてゐる。

祝アイヌ新聞の發展

北海道廳長官	增田甲子七
北海道帝大總長	伊藤誠哉
札幌控訴院長	齋藤直一
道商工經濟會頭	山本厚三
北海道新聞社長	阿部謙夫
十勝支廳長	古屋　裕
帶廣市長	奥野小四郎
幕別村長	大塚・平發
札幌市長	上原六郎
帶廣市會議員	中島武市
辯護士	飯島安三郎

面の資金としては直ちに一〇万円は必要でこれが対策樹立に一苦労の形である。

新冠御料地並びに日高種馬牧場解放促進大会[*14]

新冠御料牧場は、一八七二（明治五）年に開拓使が、日高地方の野生馬を集めて新冠種畜牧場として開設し、一八七七（明治一〇）年には、アメリカから招いたエドウィン・ダンにより、輸入の種牝馬《しゅひんば》を増やして馬の品種改良などをし、近代的牧場への整備が進められた。

なお、このときオオカミの襲撃に甚大な馬の被害を出し、その対策としてダンは、ストリキニーネという毒薬を使った。そのおかげでオオカミ掃討作戦は成功したが、この地上からエゾオオカミは姿を永久に消してしまったのである。ダンは「北海道の牧畜に偉大な功績を残した」とともに、「エゾオオカミ絶滅の司祭役も果たした[*15]」ことになる。

その後管轄が農務省、そして宮内省に移管され、名称も新冠御料牧場となり、天皇家の財産となった。

この御料牧場は、約七万ヘクタールの面積を持ち、その周囲を囲む牧柵は、全長二七一キロメートル以上ある。日本最大の湖である琵琶《びわ》湖の面積が六万七〇〇〇ヘクタール、その全周二三五キロメートルであるから、牧場の広大さがわかる。

この広大な「御料牧場」が開設された裏には、そこに居住していたアイヌの強制移住という負の歴史も存在する。当時の天皇家の権威は絶大であった。「天皇家の財産となってからは、畏れ多いというわけで、この近辺に住んでいたアイヌはすべて立ち退きを命ぜられ、とんでもない山奥に追いやられてしまっている」[*16]。

この敷地内には、門別川、新冠川そして静内川が流れ、豊かな土地であったので、当然のことながら古くから多数のアイヌが住んでいた。一八八八（明治二一）年に散在して住んでいたアイヌ七〇戸は、牧場により姉去《あねさる》（新冠町朝日）地区に強制的に移住させられ、さらに、その後、そこより五〇キロメートル奥の上貫別《かみぬきべつ》（平取町旭）地区に二度目の強制移住を命じられた。残されたチセ（家屋）等は、牧場によって焼き払われた。

こうした歴史的経緯から、アイヌ協会は、新冠御料牧場の全面解放をもとめて活動を開始したのであった。

アイヌ協会の設立当初の大きな運動課題の一つであった「新冠御料地並びに日高種馬牧場解放促進」に向けた大会が、一九四六（昭和二一）年九月一〇日、浦河町で開催され、以下の決議文が採択された。

本大会は、ポツダム宣言の施策にともなう平和的農業立国の大名を完遂に円滑にまい進するものとする。

この歴史的大名を達成せんがために、日高国民が農耕適地としてその解放を要望し来れたる、宮内省新冠御料地並びに、浦河町に所在する農林省種馬牧場用地を全面的に解放せしめ、この機会においてことごとく農耕地に開発し、食料増産をもって国家栄えに貢献し、農業立国の実現を期す。

右決議す。

社団法人北海道アイヌ協会主催、新冠御料地並びに日高種馬牧場解放促進大会

注

＊1　『エカシとフチ』（札幌テレビ放送、「小川佐助エカシ　馬師一代」一九八三年）七五頁。

＊2　『ウタリグス第五巻 第四号』（一九二五年四月一日）「御相談」。

＊3　『北海道社会事業』第一四四号（昭和二一年三月号、財団法人北海道社会事業）では「同族約七〇〇名参集」。また、『日高新聞』（第一号、昭和二一年三月四日）では、「この日参会した全道ウタリー七五〇名」とある。

＊4　『日高新聞』第一号（昭和二一年三月四日）によれば、「顧問　道会議長板東秀太郎、道議《（マヽ）》厚生課長渡利強弁護士斉藤忠雄」。

＊5　『北海道立アイヌ民族文化研究センター研究紀要第九号（二〇〇三年三月）』「調査報告　北海道アイヌ協会浦河支部創立当時のこと」小川正人。

＊6

謹啓　時下《じか》余寒《よかん》厳敷《きびしき》折柄《おりから》益々御清祥《ごせいしょう》奉賀《ほうが》候《そうろう》

却説《かえって》〔さて〕、嘗《かつ》ては北海の先住民族として生活に信仰に自由を愛し、自由の大地に愛撫され衣に食に何等不安も恐威もなかりし我々アイヌ民族も中世以来内地人の渡道と共に生活環境の急変に遭遇し其の依存する処を知らず無智文盲なるが故に起る幾多悲劇は数うるに暇なく生存競争の惨敗者として滅び行く民族として歴史にその名を止むるは誠に遺憾至極に堪えざる次第に御座《ござ》候《そうろう》

聖戦と称されし大東亜戦争も国家滅亡の一歩手前敗戦を以て終結し国内情勢又一大激変を生じ国民の道義すらも乱るるに至る真に悲しむべき現象に御座候

然共、「国敗れて自由生ず」弱肉強食然たる一切の権利は排除せられ天意に基づく正しき自由の民権を与えられるの機運を得我々アイヌ民族も又自らの歩むべき道を打開せざるべからずの新発足の好期を与えられたるの秋《とき》自らの向上発展福利厚生を図るべく所謂《いわゆる》「教育の高度化」「福利厚生施設の協同化」「農事の改良」「漁業の開発」「共有財産の醸成並に其の効果的運用」「其他右に関する一切の事業」を事業目標とし此処にアイヌ民族の総力を結集し北海道アイヌ協会を組織し社団法人として法的に之を確立せんとし其の創立総会並に結成式を左之通り挙行仕るべき運と相成《あいなり》候《そう》間《あいだ》御多忙中恐入り候得共当日は万障御繰合せ御地方面ウタリ各位御繰合せ御来会被下度《くだされたく》此段謹んで御案内申上候　敬白

一、日時　昭和二一年二月二四日午前正九時　創立総会

一、場所　静内郡静内町　於テ　公会堂

以上

昭和二一年二月一六日
仮事務所　日高国静内郡静内町御幸町
江賀寅三方
設立準備委員
向井山雄　吉田菊太郎　知里高央
鹿戸才斗　小川佐助　他二〇名
山本多助　殿
御地方より何名ご参会くださるや宿舎の都合有るから
御一報被下存候

＊7　『バチラー八重子の生涯』「白井柳治郎談」（掛川源一郎著、北海道出版企画センター、一九八八年三月）一九三頁。
＊8　同、一九七頁。
＊9　同、一九六頁。
＊10　「かいほう促進大会」の「かいほう」は「解放」か「開放」のどちらか判然としないが、ここでは「解放」で統一した（『アイヌ新聞』の関連記事を見ると、どちらも使われている）。
＊11　前掲書。
＊12　前掲『エカシとフチ』「小川佐助エカシ　馬師一代」。

＊13　幕別出身の新聞記者高橋真が、一九四六年三月一日創刊し、「唯一のアイヌの言論機関紙」として、情報を発し続けた。管見の限りでは、全部で一五号発行されている。この創刊号から一九四七年五月二五日一四号までと、九と一〇号の間に号外が発行されている。

＊14　以下に解放促進大会の音声資料からその概要を記す。

社団法人北海道アイヌ協会主催、新冠御料地並びに日高種馬牧場解放促進大会

〔向井山雄理事長〕皆さんのご協力によってこのアイヌ協会が今日大部分支部の結成をみて、近頃諸君の大いなる意気込みをここに得ることのできましたことは、諸君とともに誠に喜びに堪えないのであります。

まず、アイヌ人の生活様子を私たちがみる場合、第一は、農業をもって暮らしを立てているものが大部分であり、その他はごく、漁村に在住して漁業をもって暮らしを立てている。こういう状況にあるのでありまして、一は、農業の部面において私たちが安全に暮らしを立つることのできるような構図を樹立することと、漁村の漁民としての生活をがっちりとやっていくために、まず努力をしよう。こういうので、本会と諸君とともが、あい協力して着々とその歩を進めているのであります。

しかるに、この問題を完成する上において、農家に生活を安全に得るだけの土地を持たせなければならん、こういうので、道庁方面、あるいは、農林省方面、外務省方面、厚生省方面にしきりに呼びかけまして、お願いをして、今後土地の獲得を図ろう、こういう態度で今回は、しきりに努力をしているおるような次第であります。

そういう折から、幸いにも、新冠御料牧場及び種馬牧場の解放が叫ばれまして、今日においては、その土地を解放するという運命に進みつつあるのであります。

こういう折からにおいて、会員諸君の方から是非共に、この御料牧場の解放をするために、大いに努力をしてもらいたいという声が、澎湃《ほうはい》と起こりつつあるのであります。その意味におきましても私たちは、考えを一定にしておかなければならん。まちまちであっては、ならない。常に歩調を一つにして、合理的に私たちはその問題に対して進んでいこう。こういう目的のために今回はこの促進運動大会をここに開催いたすことにあいなったのであります。

この問題の私どもが叫ぶ理由として、三つの立場から考えてその理由を持つのであります。

第一は、国家の要望する土地の問題、あるいは食料の問題、国家が今日、日本国民の食料を考える場合に、非常なる努力をしなければ、この解決を得ることができない、こういう具合に叫んで、国民も政府もこのことの目的完遂のために最大の努力をしなければならんという事情のもとに、国家が今日置かれているので、そういう国家の実情から考えてみても、日本の将来というものは、農業の働きによって維持されなければならない、こういう状態にある。

そのために日本人の一人である私たちも、心から農業にいそしんで、最大の努力をして、この目的を達成しなければならん責務があるので、そういう状態にある私どもも土地がなければ、しきりに心にそれを願いましても、その目的を達成することができない。したがって、今日私どもが一番直接な関係を持っている、この日高地区においては、御料牧場の解放と種馬牧場の解放とは、私たちの個人的な生活のうえからみても、国家の要望からみても、この土地を解放していただいて、そうして、ここにがっちりと私たちの努力をしていくように、徹底して進んでいかなければならない、と思うのであります。

もう一つの考えは、これを社会的にみることであります。

すなわちアイヌ民族が社会的にみて、すべての点においてまだ幼稚であると考えられているのでありまず。それは、生活的にみても、思想的にみても、社会的にこれを援助・救済し、かつまた、社会の迷惑にならないように進歩発達をさせなければならん。そういう状況にあると大部分は、そういう状況にあると考えているのでありますので、そういうような形からいっても、日本の国のあまりにご厄介にならないように立派に自分の力で、自分の生活を正しく維持していけるためには、それらの土地を獲得して生活の基礎をその上にがっちりと立てていく必要がある。この意味においてやはり解放していただくということは是非共に私たちにとっては必要な事柄であるのであります。

第三の意味は、この種馬牧場もあるいは新冠牧場もその牧場設置の当時において、すでにそこに私たちの祖先が、耕地を設けて、そこに暮らしを立てておった関係者、及び牧場設置の際に、これに多いに協力をした私たちの祖先、あるいは牧場内に生活基礎をもって働いて直接に関係を持ったお互いの関係者、あるいは牧場を設置するに対して、ここから強制的に移動させられた関係者、こういう人々がこの牧場を解放するに当たりて、率先・優先的にこれをここに入地せしめるということは、当然の事柄ではないかと思うのであります（「そのとおり」の声あり）。

この三つの部面から考えてみても、この牧場を解放するという際に対して、私たちは総力の共同の力を上げる。そうしてこれが促進を図るということは私たちの将来への運命への開拓のうえからみても大切な努力ではないかと思うのであります（拍手）。

この意味におきまして私たちは、今回ここに大会を開催するのに当たりまして、諸君の忌憚《きたん》ないご意見のご発表を願い、かつこれを促進する上において、私たちがいかに善処すべきかということをお互いが協議して、そして更にこれが解決を求めるように努力をする必要があると思います。

今回の大会の目的は、その意味合いにおいて事が図られるのでありますが、真面目にこのことをご協議なさって十分な成果を得たいと存ずる次第であります。

開会に当たりまして主催者としてのご挨拶を申し上げる次第であります（大きな拍手）。

私、すでにお見知りを頂いておる方も大多数あるのでございますが、昭和一二年から本日まで、足掛け一〇カ年に渡りまして、本道におけまする特殊の社会事業として目されておりまする、お集まりの方々らの保護法の運用につきまして、その全責任者としてまいってきた石倉と申す者でございます。

本日、長官の挨拶という大きな順序事項でございますが、私、一係として、あるいは私見になるかも分かりませんが、平素考えておりまする一端を申し述べましてご挨拶に代えたいと存ずるのであります。

本日の大会の運びに至りまするまでは、ご列席の社団法人アイヌ協会の役員の方々が、あるいは札幌におき、ないしは上京をいたしまして、それぞれ促進に向かって運動をなさっておることは、皆さんすでにご承知の通りであります。及ばずながら私も五月と六月の二回に、いろいろの用件を帯びまして、本省等のそれぞれの方面に向かいまして、この問題を引っさげて折衝をしたのでございますが、成り行きにつきましては常務の小川さんなどから、詳しくご報告があったかと思うのでありますするが、結論を申しますればこの問題は、一人ウタリ諸君の問題のみならず……

〔議長〕　それで、今日の大会の決議文を起草したいと思います。

起草委員の選出に入りたいと思いますが、起草委員は、投票による選挙に致しましょうか？　それとも推薦委員を挙げて、委員によって決定することにしましょうか？　あるいは……（「議長の指名によって、決定することにしてはどうか」「異議なし」「文句なし」の声あり）。

それでは甚《はなは》だ僭越《せんえつ》ではございますけれども、決議文の起草委員を指名いたします。

文字常太郎氏、森久吉氏、邊泥和郎氏、去間弁次郎氏、渕瀬惣太郎氏、江賀寅三氏、本協会の今日出席くださいました、理事・監事をもって起草委員を組織いたしたいと思います。

ご異議はございませんね（拍手）。

それでは決議文を起草するまで五分間だけ休憩さしていただきます（拍手）。

〔小川佐助常務理事〕　決議。

本大会は、ポツダム宣言の施策にともなう平和的農業立国の大名を完遂に円滑にまい進するものとする。

この歴史的大名を達成せんがために、日高国民が農耕適地としてその解放を要望し来れたる、宮内省新冠御料地並びに、浦河町に所在する農林省種馬牧場用地を全面的に解放せしめ、この機会においてことごとく農耕地に開発し、食料増産をもって国家栄えに貢献し、農業立国の実現を期す。

右決議す。

社団法人北海道アイヌ協会主催、新冠御料地並びに日高種馬牧場解放促進大会（拍手）。

＊15『エドウィン・ダンの妻ツルとその時代』（阿部三恵著、道新選書、一九九五年九月）二〇二頁。

＊16『アイヌ民族抵抗史増補版』（新谷行著、三一新書、一九七七年一月）二四一頁。

第2章　ＧＨＱ施政下のアイヌ

幻のアイヌ独立

『朝日ジャーナル』一九八九（平成元）年三月三日号の「幻のアイヌ独立論を追う」などを参照して表題について考えてみたい。

協会設立の四カ月後の一九四六（昭和二一）年六月、*1小川佐助など四名の代表が、ＧＨＱ（連合国軍総司令部）のスイング司令官（少将）に面会した（以下、「幻のアイヌ独立論を追う」からの引用、（　）は引用者挿入）。

当時、ＧＨＱが接収していた札幌市の北海道拓殖銀行本店に、各地区を代表する四人のアイヌが招き入れられた。

小川佐助氏＝「北海道アイヌ協会」常務理事。日高《ひだか》・浦河《うらかわ》地区代表。

森久吉氏＝同協会理事。登別《のぼりべつ》地区代表。

文字常太郎《もじつねたろう》氏＝同協会理事。稚内《わっかない》〔胆振《いぶり》〕*2地区代表。

椎久堅市《しいくけんいち》氏＝道南・八雲《やくも》地区代表（父親の代理）の四人である（いずれも故人）。

呼んだのは、四六年二月からＧＨＱの第八軍第九軍団第七七歩兵師団第一一空挺師団長として、北海道と東北地方北部の管理をまかされていたジョセブ・Ｍ・スイング少将。

豊岡さん*3は八年前〔一九八一年〕、存命中の小川、椎久両氏と会い、「独立打診」のいきさつを録音テープに記録した。

その日、四人は、三階にある少将の執務室に通された。部屋には星条旗と数十本の州旗、金銀のよろい、そして抜き身の日本刀が四本、飾られていた。スイング少将は長身を椅子に沈め、そばにはアメリカ人の通訳が立っていた。

録音テープから会談の模様を再現すると――。

スイング少将　あなたがたは日本人ですか、それとも特別なアイヌ人ですか。独立をするのであれば、今ですよ。

椎久　我々は日本人です。特殊な人種ではありません。だから、そういう（独立の）考えは毛頭ありません。

小川　北海道全体のアイヌを集めても、わずか三万六千人程度です。独立をする気持ちはありません（スイング少将は他の二人にも同じ質問をし、全員が独立する意思のないことを表明する）。

スイング少将　いま独立しないで、後になって日本人とは絶対にけんかをしないでくださいね。これだけは、はっきり言っておきます。

アイヌ代表　日本はあなたの国に負けました。今後は仲良くして、親善をはかっていきたいと思います。閣下は競馬がお好きなようですので今度、お見せいたします（このあと、全員がスイング少将と握手し、雑談をして会談は終わっている）。

では、なぜ、小川たちは「独立」を選択しなかったのか。それは、「小川氏は豊岡さんに『総会の席上でも独立論をぶち上げる人が結構いた。しかし、仮に独立ができたとしても、すぐ、つぶされてしまうのは目に見えていた。混乱を避けるため、上の方は押さえる方向に動いていた。GHQの温情にすがった方が得策だった』と証言している」[*4]ということであった。

また、スイングとの会談のあと、北海道各地で報告集会を開いたという。そこで、「こんな大事なことをお前たち四人で勝手に決めたのか、と。もう、馬鹿野郎呼ばわりでしたよ。たしかに、私たちは馬鹿でした。あの当時は四人とも大和魂というか、日本人の魂が消えていなかったんですね。それで、負けた日本で、我々アイヌが謀反を起こして混乱を起こしちゃだめだ、と。そんな頭でいっぱいだったんです[*5]」と彼等の決断は支持されなかったようだ。

野村義一《ぎいち》がそのときのことを森久吉から聞いた話として次のように語っている。

森さんは「どうだ日本は戦争に負けたのだから、もともと北海道はお前たちのものであったのだから、これを契機に独立する気はないか」と言われた。そのとき、アイヌの代表者は「私たちは立派な日本人となったから、独立する気はありません」と答えたので、「そうか」ということで、お金を一〇万円もらったということです。[*6]

こうしてアイヌ独立は幻に終わった。しかし、スイング（ＧＨＱ）がどこまで真剣に「アイヌ独立」を考えていたかは大いに疑問である。というのは、後述する農地改革断行の際の対応に、アイヌの状況を考慮するそぶりすらも、見られなかったからである。豊岡政則は「米国にとって北海道は対ソ防衛の拠点。独立騒ぎを事前に押さえ込むため、当時、運営資金が不足していたアイヌ協会に資金援助したのではないか。いわゆる懐柔ですよ[*7]」と推測している。

なお、椎久は上記の会談後、函館市にあったアメリカ中央情報局（ＣＩＡ）に、労働団体や革新政党、在日朝鮮人の動きなどを内偵する仕事のために雇われ、「占領軍から頼まれ、拳銃と写真機をもって、優先旅行証を手に北海道の南部地方を歩き回った。要するに不穏な動きを察知するわけですよ。四年半はやったかな。団体等規制令なんかが公布されて、アメリカもピリピリしていた時分だしね」[*8]という。

なお、小川佐助の寄付金を主な原資に設立された財団法人アイヌ無形文化伝承保存会（一九七六年〜二〇〇八年）に、保管されていた小川佐助からの聞き取りメモと思われる資料によれば、

小川佐助からの聞き取りメモ

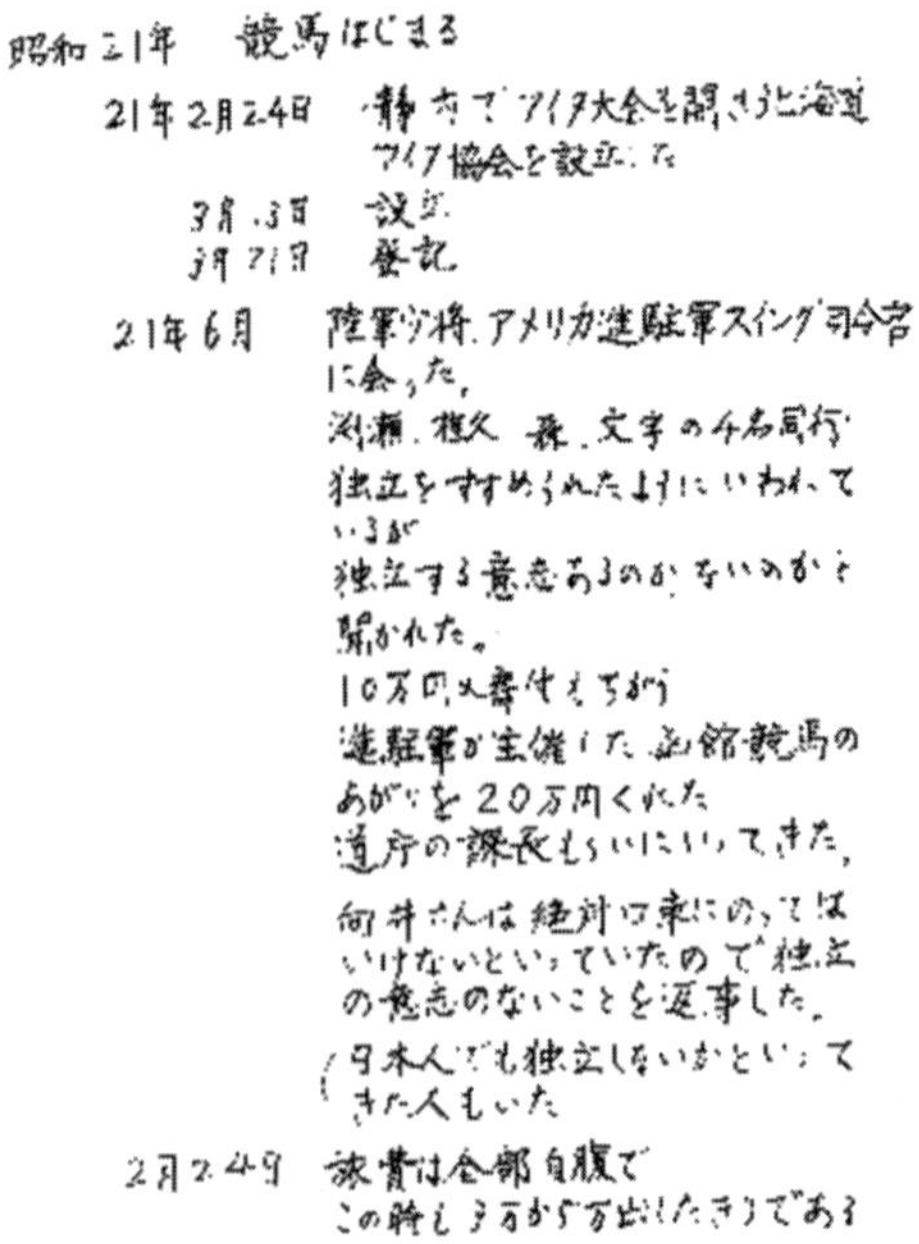
昭和21年 競馬はじまる
21年2月24日 静内でアイヌ大会を開き北海道アイヌ協会を設立した
3月3日 設立
3月7日 登記
21年6月 陸軍少将、アメリカ進駐軍スイング司令官に会った。
渕瀬、椎久、森、文字の4名同行
独立をすすめられたようにいわれているが
独立する意志あるのかないのかと聞かれた。
10万円の寄付もちがう
進駐軍が主催した函館競馬のあがりを20万円くれた
道庁の課長ももらいにいってきた。
向井さんは絶対口車にのってはいけないといっていたので独立の意志のないことを返事した。
（日本人でも独立しないかといってきた人もいた
2月24日 旅費は全部自腹で この時も3万か5万出したきりである

〔昭和〕二一年六月陸軍少将、アメリカ進駐軍スイング司令官に会った。渕瀬、椎久、森、文字の四名同行。独立をすすめられたようにいわれているが、独立する意志あるのか、ないのかと聞かれた。

一〇万円の寄付もちがう。進駐軍が主催した函館競馬のあがりを二〇万円くれた。道庁の課長ももらいにいってきた。

向井〔山雄〕さん〔アイヌ協会理事長〕は絶対口車にのってはいけないといっていたので、独立の意志のないことを返事した（日本人でも独立しないかといってきた人もいた）。

と、独立を勧められたのではなく、独立する意志の有無を聞かれたのに過ぎないという。また、寄付金についても、ＧＨＱから直接一〇万円の寄付があったのではなく、ＧＨＱ主催の競馬からの寄付であるとしている。これは後述する、昭和二一年度決算書収入の部「寄付金」に「函館レース倶楽部二〇〇、〇〇〇円」とあることと、符合する。

各種選挙にアイヌが立候補

『アイヌ新聞』第一四号（一九四七年五月二五日）に「各種選挙に同族が積極的な活動を示す」との見出しで、各級選挙について次のように触れている。

まず北海道長官公選[*9]については、「胆振国豊浦《とようら》村の木材業佐茂菊蔵（五三）氏」が「和人五人の有力候補を向うに廻して大奮斗、一一、二八六票で惜敗はしたけれどアイヌの民族史の一ページをかざり、次で代議士選挙にも出馬し六、三七七票となったが落選した」と報じている。

それから、アイヌ協会監事辺泥和郎《ぺてわろう》が「東京（北海道）[*10]第一区から代議士に立って惜しくも落選」、「アイヌ協会専務（ママ）理事小川佐助氏は日高の同族から推されて初の道会議員に立候補」し、「三、

昭和21年度収支決算書　　自　昭和21年4月1日　至　昭和22年3月31日

収入の部

科目	金額	摘要
一、前年度繰越金	九五二四.〇〇円	昭和二一年度より繰越金
二、会費	二三七五.〇〇円	八支部会費四七五名分
三、寄付金	三一、二九五〇.〇〇円	
(一) 会員寄付金	二八五.〇〇円	会員八名より寄付金
(二) 篤志家寄付金	三一〇、一〇〇.〇〇円	北海道レースクラブ　一〇、〇〇〇円
		函館レース倶楽部　二〇〇、〇〇〇円
		L.G. サザランド博士　一〇〇円
四、特別会計繰入金	一、二五一.九五円	故バチラ博士追悼会費残金繰入金
合計	三二、六一〇〇.九五円	

支出の部

科目	金額	摘要
一、事務費	三七三八.二五円	
(一) 備品費	二〇〇.〇〇円	謄写版一台
(二) 消耗品費	一〇一.七〇円	ゴム印朱肉スタンプ台外消耗品
(三) 通信運搬費	三三三.八五円	切手葉書代電信料
(四) 筆紙墨文具費	五二九.四〇円	用紙代帖簿代筆墨其の他文房具
(五) 印刷費	二五七三.三〇円	定款、嘆願書請願書等作成印刷費
二、人件費	三、六〇〇.〇〇円	事務嘱託料　葛野守市九百円也 池田和美千六百円　知里高央千 円　石井百円
三、事業費	三八、一六二.二〇円	
(一) 旅費	一三、五一七.五〇円	諸事業目的遂行の為出張旅費
(二) 機関誌発刊準備費	三、〇〇〇.〇〇円	用紙代
(三) 理事交際費	一九、四四四.二〇円	接待費
(四) 雑費	二、二〇〇.五〇円	謝礼金其の他雑費
四、会議費	一、三四一.〇〇円	理事会代議員会費用
五、次年度繰越金	二七、九七四〇.九〇円	昭和二二年度へ繰越金
合計	三二、六一〇〇.九五円	

経費合計　四六、三六〇円〇五
右の通りに候成　　昭和二二年三月三一日
　理事長　　向井山雄
　副理事長　吉田菊太郎、鹿戸才斗
　常務理事　小川佐助
　理事　　　文字常太郎、森久吉、川村兼登、知里高央、江賀寅三、貫塩喜蔵、
　　　　　　幌村運三、渕瀬惣太郎、門別嘉門、去間弁次郎、清川正七

※支出合計額は、計算では三二、六五八二.二五円となる。
※経費合計額は、計算では四六、五四一円四五となる。

二三二で日高アイヌの全部と和人の票をかく得したが次点の次」[*11]、「北海道アイヌ協会理事長向井山雄氏は民主党公認として胆振管内から道議に立つ事が内定して有力視されていたのに病気入院のため涙をのんで断念した」と報じている。

この他に、釧路の結城庄太郎（一九四八〜一九四九年アイヌ協会理事）が、この年の釧路市議選に立候補している。

昭和二一年度決算

文字常太郎の所蔵資料にアイヌ協会の「昭和二一年度決算書」が残されており、設立時の経費の概略を知ることができる。

昭和二一年度決算額は、収入が三三六、一〇〇・九五円で、支出（経費合計）が四六、三六〇・〇五円（四六、八四一・四五）で、差し引き次年度繰越金が、二七九、七四〇・九〇円となっている。支出の中で一番高額なのが、定款や嘆願書請願書の印刷費となっている。後述するＧＨＱへの請願書もタイプ印刷（和文・英文）されている。

また、北海道庁職員で後に出向で協会に派遣され、事務局長を長く務めた葛野守市《くずのもりいち》に人件費・事務嘱託料として九〇〇円支出されている。知里高央《ちりたかお》には、一〇〇円支出されているが、これは、前述の定款などの作成に対する謝礼的なものと思われる。

収入の部の「篤志家寄付金」欄に記載のある「L．G，サザランド博士」の子息（Oliver Sutherland）夫妻が、二〇一六年九月に、アイヌ協会を訪ねてきた。それは、「父（I.L.G.Sutherland）が、かつてアイヌ協会に寄付したが、もしあるのなら、そのときの記録を見たい」ということであった。

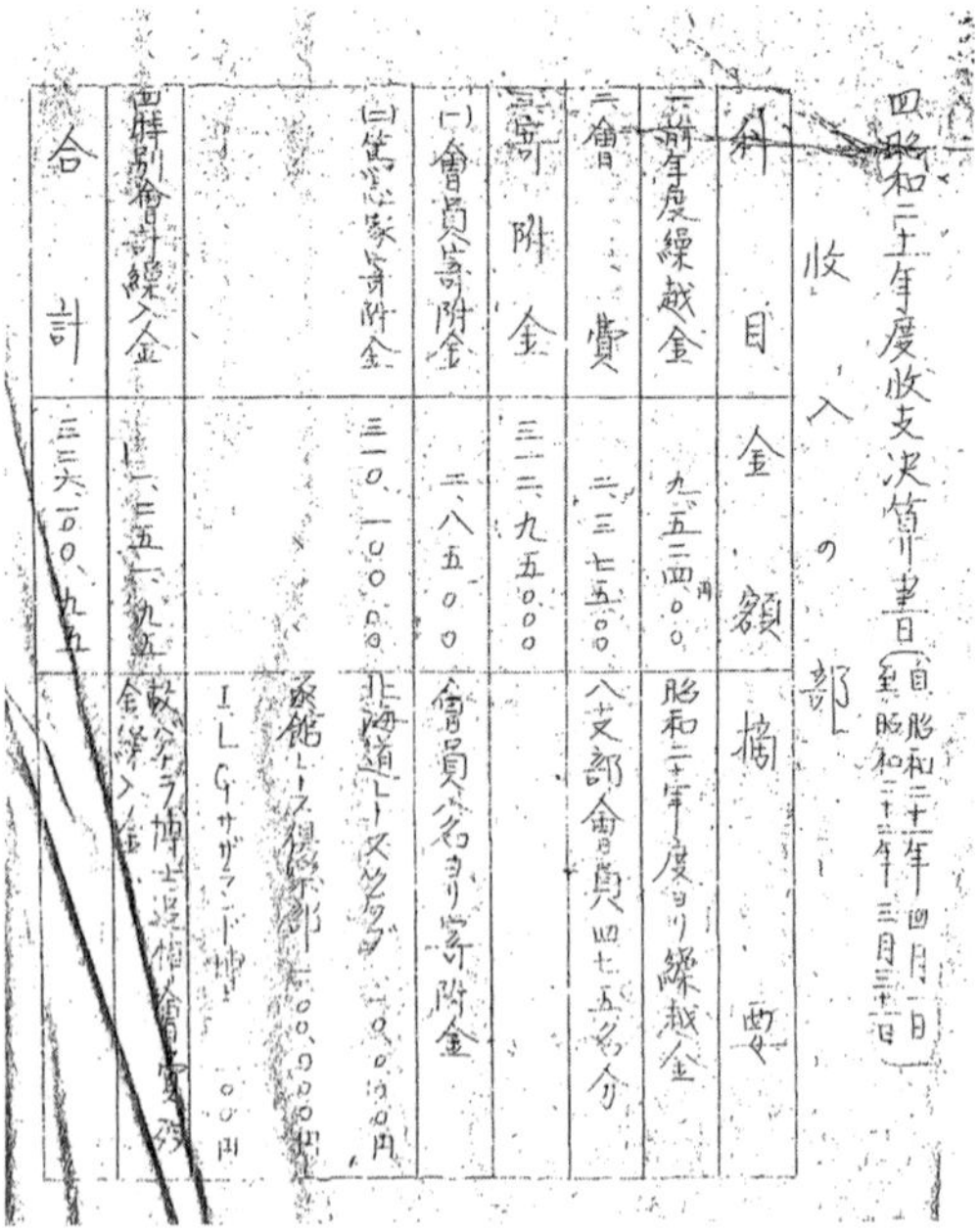

四、昭和二十一年度收支決算書（自昭和二十一年四月一日 至昭和二十二年三月三十一日）

收入の部

科目	金額	摘要
一、前年度繰越金	九五二四〇〇円	昭和二十年度より繰越金
二、會費	二三七五〇〇	八支部會員四七五名分
三、寄附金	三二、九五〇〇〇	
(一)會員寄附金	二、八五〇〇	會員八名より寄附金
(二)篤志家寄附金	三〇、一〇〇〇〇	北海道[illegible] 一〇、〇〇〇円
		函館ヒトス倶楽部 二〇、〇〇〇円
		I L G サザランド博士 一〇〇円
四、特別會計繰入金	一、二五一、九五	故バチラー博士遺悟會費殘金繰入金
合計	三三六〇〇、[illegible]	

筆者は、文字常太郎資料から前述の「昭和二一年度収支決算書」（写）を入手していたので、それを複写し、差し上げたところ、たいそう喜ばれた。寄付行為から七〇年後のことであった。

子息のオリバーによれば、父のカンタベリー大学のサザランド博士は、一九四七年にニュージーランドからGHQの招へいにより来日し、本州で講演した際に、自国のマオリと同じ先住民族アイヌの現状に関心を寄せており、わざわざ北海道まで、アイヌ協会の幹部に会いに来たのだった。「アイヌ学者」から紹介を受けた知里真志保《ちりましほ》の案内で、道内各地（おそらく主に胆振日高地方）に協会幹部たちを訪ね歩いたということであった。

後日、オリバーからいただいたメールによれば、

左から通訳の伊藤氏、夫人、オリバー氏、筆者

一九四七年の北海道アイヌ協会の寄付の記録〔昭和二二年度収支決算書〕を見せていただいたことに感謝します。私はそれを見て驚きました。私は父が、『the Journal of the Polynesian Society』〔ポリネシアン・ジャーナル、一九四八年〕に掲載した論文に書いたように、父が協会の「創立者」との会合を大いに楽しんでいることを知っております。また、父は偉大なマオリの指導者アピラナ・ガガ卿にも〔北海道でアイヌ協会の創立者と会い話し合ったことを〕手紙に書いております。

とあるように、博士は帰国後、雑誌に報告記事を寄稿し、マオリの指導者にもアイヌの現状等についての手紙を出している。七〇年ほども前に、先住民族問題に関心を寄せ、先住民族のリーダーに敬意を払っている博士の人権感覚に敬意を表したい。

給与地の返還及び農地改革法適用除外運動

北海道アイヌ協会の最初の大きな取り組みは、北海道旧土人保護法による「給与地」の約三分の一が、「小作人」である和人に耕作されていたので、その土地の返還及び農地改革からの除外要請活動と、新冠御料牧場の「解放」要請活動とであった。

北海道旧土人保護法(一八九九年公布)は、アイヌ一戸あたり五町歩(一万五〇〇〇坪=約五ヘクタール)以内の土地を「給付」するというものであったが、すでに和人に「北海道土地払下規則(一八八六年公布)」等によって肥沃な土地は払い下げした後のことであり、農耕に適した土地はあまりなかった。また、「給与地」を希望する場合、一定の手続きを必要とし、その困難さから出願をあきらめた者も少なくなかったし、窓口の市町村吏員がこの法律について疎く、そこで出願が途切れる場合もあったという。

北海道旧土人保護法によって「給与」された土地は、全下付地面積九六一一ヘクタールのうち、農耕可能な土地は、一九四八(昭和二三)年六月の調査によれば、五三八四ヘクタールにすぎなかった。「給与地」に、いかに農耕不適地が含まれていたかの証左である。

こうした問題を多く抱えた法ではあったが、アイヌの農民化を推し進めたのも事実であった。農業戸数は全体の約六〇％にも達した。しかし、耕作面積は、一戸あたり平均一町七反三畝しかなく、これは和人の平均の半分以下である。

政府は、ＧＨＱの強い指令により、小作農の解放と自作農の創設を目的とした「農地改革法」（一九四六（昭和二一）年一〇月）を制定し、不在地主の農地を強制的に買収する政策を実施した。これに対して、北海道アイヌ協会は、農林省や厚生省に陳情し、帝国議会やマッカーサーにも請願書を提出し、給与地の適用除外運動を展開した。

なぜなら、道外の不在地主とアイヌのそれは、次のように状況がまったく異なるからである。
一、アイヌ一戸あたりの農地は、和人の半分以下しかなく、生活が極度に苦しい。
二、この弱みにつけいった和人が、この僅かばかりの土地をだまして賃貸してしまっているのが大半である。借りている和人が豊かに暮らし、貸しているアイヌが困窮している。中にはだまし取られた土地で小作人として農耕している者も少なくない。
三、こうしたアイヌの窮状を打開するため、道庁は各市町村に互助組合を設立させ、組合がアイヌの土地の賃貸などを管理し、土地の保護を図ってきた。また、道庁はこの土地を一九四八（昭和二三）年三月まで買収対象外とするとしていたのに、一九四七（昭和二二）

年六月から急に対象にされてしまった。

このときGHQに協会から出した、日本文、英文ともにタイプの請願書が『アイヌ史三』[12]に掲載されている。[13]

それを見ると、社団法人北海道アイヌ協会理事長向井山雄名での請願書であるが、あて名は「殿」とだけあり、請願先が記入されていない。

一方英文のものは、To：Gen D.MacArthur と請願先にマッカーサーの名を記し、From：Sasuke Ogawa 、Managing Director of the hokkaido Ainu Association と、社団法人北海道アイヌ協会常務理事小川佐助名での請願書となっている。

ちなみに、一九四七年二月一八日付の協会から帝国議会に出した「アイヌ保護事業に関する請願」（請願第八七号）なども、「協会代表常務理事小川佐助」となっている。

北海道は、「農地改革と旧土人給与地問題其の他に関する協議会」[14]を一九四八（昭和二三）年二月七日に開催し、協会役員と農地改革問題についての対応策を協議している。しかし、開催通知文に「地方よりの出席者の旅費は地元側に於て考慮願いたい」とあることから、どこまで真剣だったかは、疑わしい。

また、国は、この件で農林省農政局長名で、北海道知事あてに、「北海道旧土人保護法と自作農特別措置法及び農地調整法との調整に関する件」との通知で、当該土地の買入れは、他の一般農地と同様に行うこと、北海道旧土人保護法の趣旨を考慮して承認に当たるよう農地委員会に対して通知方配意すること、などとする買収断行の決定の通知があった。

このように道庁の対応がずさんだったこともあり、農林省から買収断行の決定がくだされ、アイヌ協会の要求は実現しなかった。このときの事情を喜多章明《きたしょうめい》は次のように述べている。

本省としては農革法の制定当時そんな法律（保護法）があるのすら知らなかったとのこと。ともかく旧土人のことは北海道特有の行政であるから、総べて道知事に委してある、知事が確固たる意見を具して上申するなら考慮しよう、尚保護地に対し、農革法を適用するか否かは目下研究中であるから、その決定を見る迄は買収を保留させる旨の回答を受けた。一行は急遽帰道し道知事の具申書を携えて再度上京折衝を重ねた。然るに図らざりき道農地部は、農林省農地部長に文書を致し「旧土人代表者が上京して除外運動をやっているがあの書類は社会課が起案したもので当部の関知せざる処あんなものは取り上げて呉れるな」と申送った。事態かかる体たらく、到底本運動の成就すべき筈はない、在京半年、十数万の金を費して而して得たるものは何か、「旧土人の給与地と雖も一般同様取扱え、但し特に権利を侵害せぬよう」との通牒一本であった。市町村農地委員会では此の通牒によって保留していた買収計画を一時に買収を断行することにし、どしどし買収を進めた。[*15]

この結果、農耕適地五八四二町のうち、自作反別三三七四町、貸付反別九八六町、買収反別一三八四町という数字を示している（反以下は四捨五入）。買収反別は所有全面積に対し、約二四％、貸付地は一七％の割合であるが、貸付地は「泣けど叫べど回収の見込みなき実情に徴し、準買収と見てよい」[*16]、そうすると保護給与地の約四一％はアイヌの手から離れたことになる。

農地改革の名のもとに和人に搾取された土地を合法的に取り上げられた。かくして「この農地改革法適用による惨たんたる結末は、日本の敗戦がアイヌ民族の解放と自治への契機となる希望を完全に挫《くじ》くものであった。アイヌ同胞は給与地を取上げられ、その払い下げをうけた和人が大手を振ってコタンに入り込むのを黙って認めなければならなかった[*17]」のである。

新冠御料牧場の解放

前述の開設にかかわるアイヌの強制移住という歴史的経緯から、アイヌは全面解放を求めた。一九四七（昭和二二）年、農林省の所管、新冠《にいかつぷ》種蓄牧場となり、牧場は、全面積一万七〇〇〇町歩のうち、その一部一万三町歩の解放を決めた[*18]。しかし、御料牧場の元従業員、戦後の引き揚げ者などへの解放などもあり、翌一九四八（昭和二三）年に、アイヌは平取《びらとり》村七戸、様似《さまに》村二戸、荻伏《おぎふし》一戸、新冠一一戸、静内一戸の二二戸のみの入植が決まっただけだった。

役員改選

定款によれば、「第九条理事ノ任期ハ三年トシ、監事ノ任期ハ二年トス」とあり、設立が一九四六（昭和二一）年二月であるから、理事の改選期は一九四九（昭和二四）年二月ということになるのだが、なぜか、任期約年半を残して一九四八（昭和二三）年九月二一日の総会で役員改選を行っている。

管見の限りでは、この役員改選について教えてくれる資料が見つかっていないので、改選理由は不明である。しかし、高橋真が『アイヌ新聞』号外（一九四六年一〇月一五日）で、「未だ支部発足の見ない集団的コタン（部落）は全道に大分あり」と書いているように、設立期は、各地をむらなく網羅した組織とは言い難い状態であった。

それから二年半が過ぎ、支部組織化がある程度は進んでいったと思われ、新加入支部の声を拾い上げるためにも役員数増を含めて改選が必要になったのではないだろうか。設立時と第二次の定款を比較して見ると、理事数が、一五名から二五名に、監事数が三名から五名にそれぞれ増員になっている。

また、同じく『アイヌ新聞』号外に、「『アイヌ協会の御料牧場開放運動《マヽ》に全同族の名を利用し一部役員の利権稼ぎである』と役員間にさえ悪評を買う等の誤解が生じたり」とあることや、「解散か？　改組かアイヌ協会は嵐の中に立っているが、民主化しないなら全員脱会するという支部、

北海道アイヌ協会比較役員名簿

	設立期役員（1946年2月選出）出典：『アイヌ新聞』第2号	改選後役員（1948年9月選出） 出典「役員名簿」（10月23日付で協会から各支部へ送付したもの）
理事長	向井山雄（伊達）	向井山雄　伊達町
副理事長	吉田菊太郎（十勝） 鹿戸才斗（門別）	鹿戸才斗　門別村 文字常太郎　豊浦村
常務理事	小川佐助（浦河）	小川佐助　静内町 喜多章明　帯広市
理事	文字常太郎（大岸） 森 久吉（登別） 去間弁次郎（様似） 江賀寅三（静内） 淵瀬惣太郎（新冠） 貫塩喜蔵（白糠） 川村兼登（近文） 幌村運三（三石） 清川正七（平取） 知里高央（登別） 門別喜門（門別）	森 久吉　幌別村 知里高央　幌別村 知里眞志保　幌別村 幌村運三　三石村 江賀寅三　静内町 淵瀬惣太郎　新冠村 門別喜門　門別村 貫塩喜蔵　白糠村 辺泥和郎　鵡川村 舘 吉之助　浦河町 浦川太郎吉　萩伏村 佐々木太郎　静内村 宇南山久太郎　鵡川村 澤辺由太郎　室蘭市 佐茂菊蔵　豊浦村 廣野 守　帯広市 中村朝四郎　音更村 結城庄太郎　釧路市 宇南山 斉　平取村 貝澤善助　平取村
常任監事 監事	森竹竹市（常任、白老） 辺泥和郎（鵡川） 平村勝雄（平取）	森竹竹市　白老村 菊地雅雄　様似町 川村兼登　旭川市 海馬澤豊吉　門別村 黒川利太郎　平取村
参与	知里真志保（登別） 大川原コピサントク（鵡川）	
顧問	斉藤忠雄　坂東秀太郎　渡利 強	

※誤字と思われるのは訂正し、記入漏れの住所は補充した。
※「役員名簿」にはないが、『北の光』創刊号には、改選後の理事に「椎久堅市」が記載されている。
※監事の菊地政雄は、『北の光』では「大山政雄」と記されている。

協会の発展を期待する支部等もあり、全同族のその団結要望の声は見逃せぬものがある」とあることから、一部役員の入れ替えの必要が生じたのかもしれない。

『アイヌ新聞』六号（一九四六年六月一一日）に「アイヌ協会役員早くも〝改選〟の声」の見出しで、

アイヌ協会役員中には所謂官僚的におしつけられて選任され已なく就任した者もありこのために役員間にも意見の一致を見ざる事もあり速やかに代議員会を開催し役員改選を行うべきであるとの声が昂《たかぶ》っている。一方協会事務所の道庁外への移転や専任書記設置の要望も見逃せぬものがある。

とあるように、改選の火種を発足時から内蔵していたのであろう。

役員間の書簡

協会役員同士の書簡から当時の活動や生活ぶりなどを考えてみたい。

協会の設立にいち早く呼応し、釧路支部を設立した山本多助から、設立時から理事を務め、森久吉・小川佐助とともに中央陳情などに積極的にかかわった、文字常太郎への書簡を見てみる〔句読点は引用者挿入〕。

拝啓
公私共に御多忙でしょう。いよいよ御自愛下さい。

本秋は御多忙の處、釧路御出張、あの事をも深く深く御礼申し上げます。私は貧にも寒にも強く兼ての目的に邁進中です。過る一二月一四日一五日一六日の三日間、釧路市富士屋旅館内にて、阿寒の六千町歩の大地主前田氏との評議の結果、明年四月から前田家の農場支配人として私が乗り込むこととなりました。兼ての望がようようにここまで来たわけです。この六千町歩の地は観光に農畜産に有望な地です。天下の名所で私の小さな努力でどれだけ理想がのびるか今から楽しみと苦労です。何分よろしく。

前田氏は一二月二二日上京しました。

前田家には土地あり木材あり、観光ホテルの建設も、よいのです。阿寒での終速〔就職?〕をわしれて〔忘れて〕いなかったなら、寒中でも東京にも案内す〔し〕カバンモツ〔持ち〕をやります。ホテル建設の気運だけは当方も充分、やしなっておいています。今の所は庶民の安んず〔じ〕て使用出来る温泉宿に建築し〔す〕べく目下集材中です。

釧路市では観光大ホテル建設の話がまとまり目下敷地の選定中です。大会社数社館行〔観光?〕など〔ど〕の進出で躍進力全道一の釧路です。貴君も二回も拾回も出る事を望みます。

御正月には遊びに行きますからニマメと酒とちょっぴり残しておけば結幸〔構〕です。

秋辺今吉君や結城正義君達もよろしくとの事ですから、寒さの折から御自愛下されて明春はカッケマツと共に御来釧下されて阿寒の地を御充分に御リョウリ下さる事を切に望みます。

年末となっても、正月の支度も出来ず、あの貧家にて天下の国立公園とにらめっこやっている私も一方の変人でしょう。

前田家の農場の支配人に終速〔就職?〕出来たのは現実であり、ウタリの温泉も近来中に出来るまでになってきたす。私の努力によってはウタリの理想郷実現も出来るわけです。

目下ユメの中の物はウタリが主となって行く観光ホテルの建設あるのみ。

以上

封筒表

大岸局内

虻田郡豊浦村大岸

文字常太郎様

封筒裏

釧路市春採町一二六

山本多助

封筒に「二五、一二」の鉛筆メモと消印の日付から、昭和二五（一九五〇）年一二月二二日の投かんと思われる。

これからわかることは、まず、通信手段が手紙ぐらいしかない時代に、釧路と豊浦と数百キロも離れた者同士が、「御正月には遊びに行きますから二マメと酒とちょっぴり残しておけば結幸〔構〕です」、「明春はカッケマツと共に御来釧下され」とかなり親しく交際していることである。

また、「前田家の農場支配人として私が乗り込むこととなり」、「ウタリの温泉も近来中に出来るまでになってきたす。私の努力によってはウタリの理想郷実現も出来るわけです」とは、阿寒湖畔一帯の広大な土地の地主である前田一歩園財団から、アイヌの共同体である阿寒湖アイヌ協会が土地を無償で借り、共同管理して運営している釧路市阿寒町阿寒湖温泉にある「阿寒アイヌコタン」の創設にかかわることを示していると思われる。

注

＊1　『五〇年の歩み』（北海道ウタリ協会、一九九六年三月）一六頁によるが、『朝日ジャーナル』一九八九年三月三日号「幻のアイヌ独立論を追う」には、一九四七年春、とある。

＊2　文字は、胆振管内豊浦町在住であるから、稚内は誤記で、正しくは胆振と思われる。

＊3　豊岡政則。一九四五年白糠《しらぬか》生まれ。一九八一年アイヌ詞曲舞踊団「モシリ」を旗揚げ、作詞・作曲・振り

付け・舞台演出を担当。北海道アイヌ協会副理事長などを歴任。

＊４　前掲『朝日ジャーナル』「幻のアイヌ独立論を追う」。

＊５　同。

＊６　『野村義一と北海道ウタリ協会』「対談白老にて」（竹内渉編、草風館、二〇〇四年一〇月）。

＊７　前掲『朝日ジャーナル』「幻のアイヌ独立論を追う」。

＊８　同。

＊９　北海道で初めての知事選挙。これまで北海道は地方自治体ではなく、行政は、国の機関である北海道庁が行っていた。そのトップが、北海道庁長官であり、官選であったが、初めて民選となり、事実上の知事選挙となった。

＊10　『北海道選挙大観』（山本紘照著、第一法規出版、一九四九年）二〇頁によれば、北海道一区からの出馬である。なお、同じ区の立候補者に大河原徳右衛門（鵡川）の名がある。

＊11　『日高新聞』（第六〇号、昭和二二年五月二日）

「小川候補談　立起りが遅れたため管内の人たちの献身的な努力にも拘わらず今回の結果に終わりました。これは吾が力が足らなかった故で申訳なく思って居ります貴紙を通じて宜敷御伝え下さい」。

＊12　北海道ウタリ協会、一九九〇年三月、北海道ウタリ協会アイヌ史編集委員会編、八九六頁・裏表紙折り返し。

＊13　北海道アイヌ民族所有農地に関する請願

一、請願の要旨

北海道アイヌ民族の所有にして其の面積五町歩以内の農地に対しては、自作農創設特別措置法、並に、農地調整法を適用せぬ様、立法措置を構《(ママ)》ぜられたきこと。

一、請願の理由

開闢《かいびゃく》以来明治初年頃まで、幾千年の久しい間、北海道全土を自由の活天地として、天然資源に依存し、原始生活に慣れたアイヌ民族も、明治維新以来急激に北海道に移入せる和人の為めに、あらゆる生活面が蚕食され、特に従来より所有して居った土地に甚だしき被害が多かった為め、国家は是が保護対策として、明治三二年法律を以って、農業に従事し、又は従事せんとする、アイヌ民族に対しては、五町歩以内の土地を給与し、併て、無智、文盲な、アイヌの土地に対して、不正和人の蚕食を防止すると云う立法精神から、相続によるの外、所有権の移転を禁ずる等、幾多の制限を加えたる、北海道旧土人保護法を制定してくださったのであります。

然れ共此の立法精神通り、専農として経営が成り立つ、五町歩を下付してくだされば、皆専農として、土地に固着できたのですが、此の法律によって、北海道アイヌ民族全体に下付された総面積は、八、四八三町八反二、一〇歩ですが、此の内で、山岳、丘陵等、全然農耕不適地が、三、四七五町八反歩強で、是等は未だ農耕不適地として、放任されてあり、今日まで実際に於いて耕作し得る適農地は五千八町歩強であって、一戸平均約一町五反歩となって居りますから、中には専農として経営が成り立つ五町歩、若しくは、それに近い面積を給与されたものもありますけれ共、其の多くは専農として経営が成り立たない所の五反歩か、八反歩位の小面積より給与されなかったのであります。

五町歩若しくは、それに近い面積の給与を受けたものは、専農として経営が成り立って、是等は皆真自《（ママ）》面に農業に固着して居り、現在三千三九町歩四反九畝歩強は、アイヌ自身が自作して居ります、残り千九百六八町五反三畝強は、一戸あたり五、六反歩乃至一町歩内外の小面積より給与を受けなかったもの許りですから、専農としての経営が成り立たず、従って、極度に生活苦しい上、一般和人と対等の文化と智育がない為め、是を好事とする狡猾な和人の計略に乗ぜられ、あるいは、奸詐に陥り、無分別なままに、低廉なる賃借料、不利な条件によって賃借したものが、其の大部分であります。

如斯《かくのごとく》次第で、アイヌは益々悲惨極まる貧困生活に沈淪して居る現状であります。

然れ共終戦後、時局の推移に漸次覚醒しましたアイヌが今日に至って、小面積でも経営が成り立つ経営方法を色々と考えた上、自己所有の該土地を取り戻し自作し農業に従事しようとした所、偶々《たまたま》、農地調整法、並びに自作農創設特別措置法が実施されたことに依って、貧困なアイヌが自己の所有地を有力なる和人から取戻すことができぬと云う矛盾が生じ、アイヌ民族の所有する農耕地の約四割に当る千九百六八町五反三畝歩強の農地は有力な和人の併呑に任せるより外ない現状であります。

自作農創設特別措置法並びに農地調整法の立法精神は、従来の有力なる地主と弱小なる小作関係の封建制を民主化するにあると信じて居りますが、北海道アイヌ民族の所有農地に関する限り、前述の如く弱小である、アイヌ民族が犠牲になり、有力なる和人が利を占めると云う逆効果が生じ、アイヌ民族は益々貧困生活に沈淪することになり、此の現象は、社会問題として、将又《はたまた》、人道問題として、由々敷き問題と称すべく未だ現存する、北海道旧土人保護法の立法精神にも相反するものであります。

北海道の先住民族として、曽《かつ》ては、北海道全土を自己の自由の活天地として、神が与えてくれた、幾多の天然資源の恩恵に浴したが為め、今や文化智育に遅れたるアイヌ民族が、時局の推移に漸次覚醒せんとする時、此の両農地改革法の適用により先祖代々唯一の財産である自己の農地を失い、将来永久に益々貧困生活に沈淪すると云う岐路にあることをご明察くださいまして、アイヌ民族の智育能力が一般和人と同一水準に向上するまでの間、アイヌの所有にして其の面積五町歩以内の農地に関する限り、自作農創設特別措置法並びに農地調整法を適用せぬ様、立法措置の御高配を賜り度く茲《ここ》に請願する次第であります。

昭和二二年一二月

北海道札幌市北三条西五丁目

北海道庁社会課内

社団法人北海道アイヌ協会代表

理事長　向井山雄　殿〔ふりがなは引用者〕

＊14　出席者は、道庁から、民生部長、社会課長外係員、農地部長、農地課長外係員、調整課長外係員。そのほか、北大の高倉教授（アイヌ土地問題研究家）と下記のアイヌ協会役員及び関係者。

＊15 『北の光』「あいぬ政策の史的考察」（喜多章明、北海道アイヌ協会、一九四八年一二月）。

＊16 同。

＊17 『アイヌ民族抵抗史増補版』（新谷行著、三一新書、一九七七年一月）二三九頁。

＊18 『北海道新聞』（一九四七年五月二七日）「新冠御料牧場は、四千町歩を農林省の種畜場用に残したほか一万三千町歩の開放《マヽ》が決定、二六日道庁から発表された」※『日高國新冠御料牧場史』（山本融定著、みやま書房、一九八五年一二月、二四六頁から重引）。

第3章　活動の空白期とアイヌ協会の再建・再開

運動の挫折

前述したごとく、給与地の返還及び農地改革法適用除外運動は、芳しい成果を上げることができなかった。また、特有の歴史的経緯を持つ旭川市近文《ちかぶみ》のアイヌ共有地八七町歩も、地元アイヌの返還運動[*1]の願いもかなわず、一九四九（昭和二四）年借地人への売り渡しを道知事は決定してしまった。

こうして「新冠《にいかっぷ》御料牧場解放」や、「給与地の返還」等の運動が挫折してしまったこと、協会の事実上の中心であった小川佐助が、調教師を生業としており、競馬が復活した関係から、一九五〇年に京都に移住してしまったこと、また、敗戦直後という社会全体の混乱期、厳しい民族差別状況などもあって、アイヌ協会の活動は停滞し、開店休業状態に陥ってしまった。一九四八年一二月一〇日に発行した機関誌『北の光』も、この創刊号のみであった。

そして、その再開は、一九六〇年四月一〇日に開かれた、いわゆる再建総会まで待たねばならなかった。

高橋真と『アイヌ新聞』

一九四六年のアイヌ協会設立時から数年間のアイヌ状勢を知るうえで、高橋真の『アイヌ新聞』は、それを抜きには語れないくらい重要なものである。『現代のアイヌ』*2をはじめとする関係文献や筆者による聞き取りをもとに高橋真についてまとめてみた。

高橋真は、一九二〇（大正九）年二月二日、幕別白人《まくべつちろっと》コタン（現中川郡幕別町千住）生まれ。父勝次郎は、温厚で司法書士として活躍し、達筆な人で、コタン（集落）の人の手紙や役所に出す嘆願書などの代筆をしていたという。アイヌ古式舞踊保存団体の帯広《おびひろ》カムイトウウポポ保存会*3の初代会長でもある。

帯広在住の上野サダは真といとこで同い年。子どもの頃から（真とサダは）一緒に育ったようなものだった。真の実母は早く死に、義理の母とはうまくいかなかったので、真は家から逃げてよく、サダの家に行っていたという。子どものときから子どもと遊ぶ人ではなかった。木彫や折り紙などで一人遊んでいたようだ。柔道では、小さい体だけど太いもんだから、近所の子はみんな投げられていた、という。

また、「ボクは貧しい農家の長男だった。誰が見てもすぐ〝アイヌのこども〟と分かる人相をしていたから、ずいぶんバカにされ、いやな思いをして育ったものです……」[4]という被差別体験もしている。

警察官になりたかったが、「まともに試験を受けても合格しないだろうと考え」、「一七歳のとき帯広警察署の給仕になることができ」、「巡査になりたい一心」でがんばり、「講義録をとりよせて勉強もや」った。そして、「署長さん、ボクに警察官の試験を受けさせて下さい」と申し込んだが、「アイヌは警察官の試験を受けることができないんだよ」と言われ、実現しなかった（規則としてアイヌには受験資格がないということではなくて、「実際問題として受験させた例も合格した例もなく、なんとなくアイヌは採用しない、ということになっていたよう」であった）。

だが、これでくじけることなく、「警察署長室で、新聞記者だけは大いばり」なのを見て、「アイヌのボクがその新聞記者になることができたら、思う存分、書いてやりたいことがたくさんある」と新聞記者になりたいと思った。

そのとき「十勝新聞（帯広市）で給仕を募集してい」たので応募し転職した。警察の月給が一五円五〇銭であったが、真の新聞社は九円であった。

「もともと機敏な性格の」真に新聞社の仕事があっていたと見えて、「給仕にしておくのはもったいない。外回りをやらしてみろ」と「一年後には一人前の記者として採用」され、「アイヌ記者」の誕生となった。このとき二〇歳になったばかりであった。

取材先では「アイヌのくるところではない」とつまみ出されそうになったことが、度々であったという。また、「〝アイヌ記者〟の悩みは、取材先だけではなかったようだ。記者仲間から冷たい眼を向けられるのにはボクもつらかった」というが、それに負けずにときには特ダネをものにしたりして新聞記者として活躍した。

そして「十勝新聞が廃刊になり、十勝農民新聞、昭和二四年には東北海道新聞帯広支社、二七年同釧路本社、二九年一一月北海タイムス社と合併して、三五年まで同社の釧路支社に勤務し、〝アイヌ記者〟のマコちゃんは大活躍を続ける」。[*5]

なお、釧路在住時代は、北海道アイヌ協会理事を務めた結城庄太郎の家に下宿していたこともあるようだ。[*6]

しかし「アイヌの厚生運動は、やはりウタリの手で進めなければ」と「(昭和)三五年七月、北海タイムス社をやめて、釧路市にアイヌ問題研究所を開所したのであ」った。[*7]

戦後一九四六(昭和二一)年三月一日に前述の『アイヌ新聞』を創刊し、「唯一のアイヌの言論機関紙」として、情報を発し続けた。知里真志保《ちりましほ》は『アイヌ新聞』六号(一九四六年六月一一日)に、「今までアイヌ問題研究所で出していた新聞に代って『アイヌ新聞』が生まれた事は心から祝福したい。今までの新聞はみんなでむさぼる様に一字残さず読んだ。どうかよりよく正しい報道に主力を注ぎ、ウタリーの啓蒙《けいもう》機関とさせて下さい」と大きな期待を寄せている。知里の他に山本多助、吉田菊太郎、荒井源次郎、森竹竹市なども同様の期待の言葉を寄せているように、アイヌから大いなる感心と期待が持たれていたことがわかる。

現在のところ、最後に確認されているのは一九四七（昭和二二）年五月の一四号であるが、おそらくこれが最終号であろうと思われる。これは、アイヌ協会の活動の勢いと大きく関連しているのであろう。新谷行《しんやぎょう》は、

しかし、高橋のこの解放感にあふれた新聞も、やはり一九四八年を境にして崩れてしまう。高橋は、この年に『北の光』に投稿した「アイヌ問題を中心に」という小論の中で、「北海道アイヌは滅亡しているのではない。和人は同化しているのだと叫んで見てもその数僅かに一万七千余、これ位の者が同調し得ぬとせばアイヌの覚醒は未だしである」と述べているが、これは当時の挫折したアイヌ同胞の状況を物語っていると同時に、高橋自身の一種の絶望感を表現したものであろう。*8

と述べている。

さらに、同じく新谷行が、「高橋さんは終戦直後の昭和二十一年に、二十数歳の若さで、札幌にアイヌ問題研究所を設立し、機関紙「アイヌ新聞」を発行した人である。その新聞は解放感に

あふれ、アイヌの人々の心に深い感銘と共感を与えた。新聞は二年ほどで廃刊になったが、戦後のアイヌ史の上では見逃すことのできないものである」[9]。

と述べてることからも、一四号が最終号であろう。また、『アイヌ新聞』を「戦後のアイヌ史の上では見逃すことのできないもの」と高く評価している。

また、『アイヌ新聞』一二号（一九四六年三月一一日）に、「本紙の高橋君が道庁消防官吏に採用されて剣をプラさげて歩いていた」とあるように、一時期、「道庁消防吏員」をしていたこともあった、という。上野サダも剣をぶら下げて歩いている真を見たことがあるという。

晩年は、いとこの上野サダの借家住まいだった。上野サダが借家を建てたのが一九七二年だということから、それ以降に、釧路から帯広に転居し、サダの借家の住人となったのであろう。

このころの真の思い出を真の従姪《じゅうてつ》（いとこの娘）である高橋比登美は、次のように綴《つづ》っている。

> ある方から送っていただいた本の中に、高橋真と言う人物が載っていました。私の父の従兄弟に当たる人です。彼は戦後アイヌの権利を懸命に訴える活動をしていたそうです。
>
> 小さい頃、ときどき母か祖母に連れられて街に買い物に行きました。たまに街中で高橋真にばったり出会う事がありました。高橋真は見事な白髪で、いつも身なりをきちんと、していま

した。よく小さな私と妹にチョコレートをくれました。子ども心に「この伯父ちゃんはパチンコをしてたのかな」などと思っていました。その頃うちの父がパチンコの帰りにチョコを持ってきていたからです。うちは貧しかったので、チョコレートを丸のまま一枚もらえる事なんてなかったものですから、とっても嬉しかったのを覚えています。

今日、母に何げなく「あの伯父さん、いっつもチョコくれたんだよね。パチンコ好きだったのかな」なんて言っていましたら、母が「あんた達だけでない。あの人はアイヌの子どもを見たら必ず何かやってたよ」と言いました。パチンコ好きだったかどうかは分かりませんでしたが、チョコレートをいつも持ち歩いていたらしい事は分かりました。

高橋真は、どんな思いでアイヌの子ども達にチョコレートを与えていたのでしょう。彼の苦難の生涯を読むにつけ、そんな事を考えてしまいます。

と、厳つい顔からは想像がしにくいが、子ども好きでもあったようだ。

真は義理がたい人でもあったようだ。高橋真のいとこの笹村一朗によれば、

出かけなければならない用事があって。親の命日に家におれなかったとき、ビール瓶にお布施をつけて、「これを飲んでください」とあったので、お坊さんは頂いてきたと、たまたまあ

った私に話してくれたことがある。

ということがあったという。

アイヌ関係の情報を発信し続けた高橋真の最期は事故死であった。「真さんが五六歳のことだったと思う。家付近の店前で、自転車でひっくり返して、救急車で病院に運ばれ、そのまま亡くなってしまった」、「(『十勝毎日新聞社』) 先代社長〔林克巳〕さんに大変かわいがられた。真さんが死んだときに先代社長が、通夜にも葬儀にも来てくれた。まるで親代わりみたいに、してくれていた」と真の借家の大家でもあった、いとこの上野サダは言う。

このとき、大家のサダは、真の後の住居人を募集するために、真の家財道具等一切を処分し、「空き家」にしなければならなかった。そうしないと、家賃が入ってこない。なので、「真の机の上に並んであったノートを全部焼いてしまった。何十冊もあった。そしたら社長はすごく怒った。『外に置いておいてくれたら良かったのに』と」。何ともはや。

真は生涯独身であった。『荒井源次郎遺稿　アイヌ人物伝[*10]』には、「昭和五一〔一九七六〕年七月一三日、帯広にて病没する」とある。

荻伏支部

荻伏《おぎふし》支部のことで細川一人《ほそかわかずと》*11から、貴重な話を聞くことができた。以下、聞き取りの概要を少し長くなるがそのまま記載する。

昭和二一年五月に復員したが、マラリアの後遺症でやせていた。三石《みついし》の役場で療養所のことを聞いて、当時〔札幌市〕簾舞《みすまい》にあった療養所に入所した。

快復しそこを退所後、姉茶《あねちゃ》の姉を頼って訪ねた。縁があって姉茶の浦川金次郎の長女と昭和二二年四月に結婚し、金次郎の家のすぐそばに暮らした。

この当時、アイヌのことで先頭に立って頑張っていたのは浦川太郎吉さんだったが、何か集まりがあるときは、アイヌの家としては大きな金治郎の家がいつも会場となった。

アイヌ協会本部の人が来て泊まることがあったが、いつも金次郎の家であった。知里高央《ちりたかお》・真志保兄弟、森竹竹市なども泊まっていった。

初代理事長の向井山雄先生、小川佐助は泊まったことはないが、集会には来たことがある。

私が結婚した〔昭和〕二二年頃に、知里先生は三回くらい来ている。そのうち一度、知里先生を〔浦河町《うらかわ》〕幌別《ほろべつ》まで案内したことがある。前の日にうちに泊まって、汽車で幌別まで行き、駅から歩いて鱗川《うろこがわ》支部長さんの家まで行き、一晩泊まったこともある。大学の先生だから話をするのも優しい。

〔療養所から〕帰ってきても、することがないから、金次郎や姉の旦那である向井さんなどが「田んぼが余っているから、おまえ田んぼ作りをせい」というので、元々小さいときから農家の仕事してきたから、姉茶で田んぼ作りをした。ところが家内が弱いもんだから、自分で田んぼ・畑作ったたって、その畑仕事が自由にならんのですよ。だから、ほかの仕事を探していたとき、太郎吉さんが、アイヌ協会で精米所を作ろう、と本部へ行き、話をしたのかどうかわからないが、昭和二三、四〔一九四八、四九〕年頃、浦川太郎吉さんが「〔アイヌ協会〕本部からもらってきた」と、精米機とそれを動かす発動機を持ってきた。食料が不足、特に米がないときだから、ウタリの人がたは田んぼ作っていてもほんの少ししか作っていないし、精米所までは遠くて大変だったんですよ、昔の生活は。

誰もそういうものを使いこなせるものがいないので、「おまえならどうだ」と、私の家のすぐ近くに精米所を建てた。建物の材料は、太郎吉さんが荻伏村役場〔その当時はまだ浦河町と合併していなかった〕へ行って要請して、町有林から材料を払い下げ受けてきて、小さいながらも精米所ができた。発動機と精米機を入れて、私が担当になり、精米業を始めた。

そうすると食料にうるさいときだから、警察が頻繁にくるんだ。北海道アイヌ協会で払い下げてもらった機械で精米しているのだと言ったら、「調べてみる」ということになりました〔闇米にするのではと疑って来たということ」。

名前は「アイヌの精米所」と呼ばれていた。一般の人も利用していた。料金は、玄米一俵につき白米一升の米を頂いた〔一俵は四〇升だから約四〇分の一の割合になる〕。

燃料は、最初はドラム缶一缶の油は支給でついてきたが、なくなってからは、金がなくて買えないので木炭を使った。木炭でガスを発生させてそれを燃料として使った。近くに炭焼きがあったのでそこで悪い炭を分けてもらった。いい炭はいらないんだ。煙にならないとだめだから悪い炭の方がいい。機械の動かし方は奉公先が大きな農家で、精米機、発動機などの機械類があったので覚えた。

精米所を始めて二年目か三年目に玄米機*12がだめになって、旭川で農機具の博覧会があったときに私が行って、自動の玄米機一台を買ってきた。そうしたら、その年の秋から、供出する玄米は協会の玄米機でなければだめだ、ということになってね。農協も個人のも新しい玄米機に買い換えなければならなくなった。検査に行ったら「これはどこでやった、協会のか、これはすごいな」と、いうことになったもんだから。

小さい精米機だったので、一度に袋一つか二つくらいしかできない。

九年でやめた。それは、農協の精米所も新しくしたり、個人でやってる人もいたし、機械も古くなってきたのでやめた。

荻伏支部も太郎吉さんが支部長の時に、生活館を建てようじゃないか、ということになって、生活館を建てましたよ、姉茶で。それは昭和二二、三年頃だったな。

建築資金？　どんなになっていたかは知らないけど、精米所のときもそうだけど、町有林から材料の払い下げを受けて建てたのではないだろうか。

荻伏支部青年部の会合は生活館で行った。メンバーは四〇人くらいいて、常時二〇人〜三〇人くらいは集まった。会員は、遠くは上野深《かみのぶか》までいた。みんな歩いて集まってきた。私が青年部会長。勉強会や新年会などを行った。春には花見のこととか、秋には演芸会のことなどを話し合った。大きさは四間[*13]の十間くらいあったかな。

支部総会はここでやった。近くに（一般施設の）姉茶会館があったが、ウタリの会館がほしいということで建てた。会館と呼んでいた。

精米所だけでは生活できないので、農家をしながら、頼まれれば精米をしていた。七年目か八年目くらいで、協会では精米所を処分するということになった。中には「（私はカズと呼ばれていたので）カズにやればいいんでないか」と言ってくれる人もいたが、「あれは財産だから、そういうわけにはいかない」ということになって、私は確か五万円で買った。その後一年か二年続けたが、だんだん荷物になって続けきれなかったので処分してしまった。〔売却代金の金額は？〕くれてやったようなもんだよ。

最初の家は掘っ立て小屋で建てたけど、二年くらいして古い家をほぐして、建て替えた。土台付きの立派な大きなものだった。みんな太郎吉さんがやってくれたこと。そのときに精米機用の昇降機などもつけて、一度にたくさん精米できるようにした。まあ、うち（家）だけは残したね。

昭和三二年頃に、精米所もたたんで、私たちは農家も辞めて、土建屋の日高《ひだか》町の出張所に勤務するようになって引っ越ししたので、それから協会のことにはタッチしなくなった。それまでは、荻伏支部会員で青年部の部長として活動してた。私が日高に行っているうちに浦河町と荻伏村が合併してしまったので、三九年頃荻伏に戻ってきたが、支部も合併して「荻伏支部」もなかったので、しばらく協会には入っていなかった。

太郎吉さんが（姉茶よりズーと下の）富里《とみさと》に行ったのは、農地が狭かったので行った。そこは泥炭地［やち］であったので。太郎吉夫人の浦川タレさんは「やちババ」と呼ばれていた。

荻伏は、赤心社[*14]の関係で酪農が盛んで雪印の工場があった。

協会設立間もない頃に、（一）会館建設、（二）青年部活動、（三）精米所の設置運営、と筆者にとっては初めて知る内容で興味深いお話を聞くことができた。「精米機のことは協会に資料があるはず、あるのではないか」（細川）と言われ、探査したが未見である。

青年部活動も、協会本体が開店休業してしまった一九五〇年以降数年間も継続されていたことは驚きであった。次に触れる鵡川《むかわ》支部の活動とも併せて考察する必要あるが、まだ、十分な資料を持ち合わせていないので、今後の課題としたい。

「空白期」

むかわ町春日の宇南山《うなやま》正儀によれば「昭和二七、二八年頃、鵡川でアイヌ協会の会員加入の勧誘を強引とも思えるほど熱心に呼びかけてた人がいた」という。一九五二、三年のことであるから、協会の要の小川佐助が京都に移住し、協会本体が「開店休業」状態に陥った後のことである。なぜ、そんな時期に会員加入の勧誘で動いたのであろうか？　しかも、「強引とも思えるほど熱心」に。

この証言は、一九五〇年頃から「再建総会」が開催された一九六〇年までの約一〇年間の、いわばアイヌ協会の「空白期」を探る有力な手がかりの一つと考えられる。

また、発行所：社団法人北海道アイヌ協会平取《びらとり》支部として、『北国の神秘を語るアイヌ写真帳』（一九五二年版）「日高国沙流川《さるがわ》流域を中心とせる」という書籍が、昭和二六年一一月三〇日付で発行されている。

これは、平取町で写真館を営む富士元繁蔵が、自ら撮りためた写真を使い、発行したものである。序文に「友人諸兄のおすゝめに従いこの拙い写真帳を作る事にしたが、何せアイヌの生活の断片的なもので資料も一貫性に乏しく意に満たぬものがあるが、幸い社団法人北海道アイヌ協会平取支部会員諸兄の編集と解説を得たのは適に画竜点睛《がりょうてんせい》とも言うべく嘗《かつ》て発表を見るに至らなかった幾多の貴重な文献をも寄与され一段の光彩を添えられて世に出ることは望外な喜びとしなければならない。会員諸兄長期の御尽力に対し厚く感謝の意を表し発刊の詞とする。」とあるように、「社団法人北海道アイヌ協会平取支部」の「会員諸兄」が「編集と解説」に協力してできたものである。

前述の「空白期」に「平取支部」が存在し、何らかの活動を行っていた可能性を示す貴重な資料である。書籍の概要は、第一編「熊祭の儀式の記録」、第二編「アイヌの祭儀に使用される木幣《イナウ》、神体について」、第三編「風俗、習慣に関する収録」とあり、解説文一ページ、写真一ページ（白黒写真を台紙に添付したもの）がワンセットで三七組ある。最後に当時の生活風景が偲ばれる写真一〇葉が、解説文なし・キャプション付きで添付されている。発行人：富士元繁蔵、解説・編集人：平村《ひらむら》幸雄とある。なお、「非売品」と記載されており、発行部数は不明である。

協会の再建と名称変更

第二次世界大戦後、国による同和対策が動き始めた。まず、厚生省が一九五三（昭和二八）年に地方改善事業の予算を計上し、同和地区に共同浴場や共同作業場等の設置などの環境改善事業に取り組み始めた。しかし、このような部分的な対策ではなく、総合的対策が求められるようになり、一九五八（昭三三）年、内閣に「同和問題閣僚懇談会」が設置された。

このような流れを敏感に感じ取った「市町村と道が、全道のアイヌの状況を一斉調査した。そんなことから市町村のテコ入れもあり、それが再建への一つの動機となったんです[*15]」というように、北海道アイヌ協会再建への動機の一つに、国による「環境改善事業」があった。

一九六〇（昭和三五）年四月一〇日、アイヌ協会の総会が、十数年ぶりに開催され再建に向けて動き出した。森久吉は、協会の保養施設北星寮（登別温泉）の管理運営責任に対する厳しい追及が想定されたので、その対策として、白老《しらおい》漁業協同組合専務理事・白老町議会議員の野村義一《ぎいち》を強引に同行させた。

「私は生まれて四〇年以上の間、アイヌであることを理由に差別に苦しんだ経験もありませんし、アイヌ問題と言われるものに一切タッチしてきませんでした。それに総会での論議の成り行きも、ある程度は分かりましたので、森さんには断ったのです[*16]」という野村に、「札幌までの汽車の切符も用意した」と有無を言わせずであった。せっぱ詰まってかなり強引に無理強いする森久吉と、それを断り切れない野村がいた。

無理矢理連れて来られた野村義一の「たしかに、森さんにも落ち度があった。しかし、それまでこうした状況を見過ごしてきた周囲にも、責任があるのではないか」との発言に、「この言葉で、なんとかこの場は落ち着き」[17]何とか救われた。そして、向井山雄が勇退し、森が二代目理事長に選出された。そして、野村は急ごしらえの「書記長（常務理事兼務）」に就任した。

一九六一（昭和三六）年、再建後、野村が役員に就任して初めての総会である。このときの総会議事録を見ると出席者は、「別紙名簿のとおり理事一四名監事二名他二八名」とあり、役員一六名、会員二八名の計四四名であった。さらに道の担当部課である民生部社会課から部長以下六名が来賓として参加している。議案の説明はもっぱら常務理事野村であるのがわかる。そうすると、野村は一九九六年の総会まで、実に三六回も総会を「仕切ってきた」ことになる。原稿なしのあの名答弁もなるほどとうなずける経歴である。

「第五号議事、定款変更について」のところで、出席者の結城庄司[18]（議事録署名人）から、「協会名称の『アイヌ』は民族の差別意識を深める憾《うら》みがある。従って、『ウタリ』に変更したいとの意見が述べられ」て、それが提案に切り替えられ、「満場一致の賛成で本案を可決決定した」[19]とある。

設立間もなく活動休止状態になった反省を踏まえ、会員を増やすにはどうすべきか、協会の役員は種々論議をしてきたようである。その結論が、名称変更であった。『静内支部会報』[20]（昭和三五（一九六〇）年七月一〇日発行）に「ウタリー協会の誕生」（佐々木太郎）という以下の一文が掲載されていて、この総会前に理事会で名称変更を決めていることが書かれている（傍線は引用者）。

若い人にはアイヌという呼称が聞きずらいと思いますが、七月五日登別での本部理事会に於いて「アイヌ協会」を「ウタリ協会」と改称致しましたので、御知らせ申し上げ、親しみのある「ウタリ」の名のもとに、老いも若きも共に力を合わせて協会の発展向上に万進されんことを私の念願とする次第です（本部理事支部監事）。

議事録署名人である結城庄司本人からかつて「名称変更提案者が議事録では俺の名前になっているが、事実と違う。だから議事録に署名するのを拒否していたが、いつまでも署名しないわけには、いかないので、最後はやむなく署名した」と筆者は聞いていた。

埼玉県で生まれ育ち、それまでアイヌのアの字もまったく知識を持ち合わせていなかった筆者は、アイヌ「問題」のイロハのイから結城に教えていただいた。その敬愛する師の言葉であり、『ウタリ』は不明朗な称号*21」と本人自ら記しているぐらいであるから、当然、信じて疑っていなかった。それればかりか、いつか機会があれば師の無念をはらしたいとまで考えていた。

しかし、結論から言えば提案者は結城庄司にほぼ間違いない。それは、一、『静内支部会報』にあるように前年の一九六〇年に登別で理事会があり、そこですでに「ウタリ協会」へと名称変更することが取り決められていた。

二、総会に出席した小名与市《こなよいち》（伊達市有珠《だてうす》）と野村義一によれば「提案者は若い人」（結城はこのとき二三歳）であり、「反対意見はなかった」。議事録によれば「満場異議なく可決決定」であった。

三、議長から議事録署名人に指名されたということは、事前にその打診があったと考えられる。それと同時に名称変更の提案者としても要請を受けたのではないか。というのは、一にあるように、すでに理事会で内定していた事項をあえて議案書に載せていないということは、出席者からの提案という形を執行部は取りたかったからであろう。

以上のことをつなぎ合わせていくと、提案者は結城庄司という結論にならざるを得ない。

ここで疑問となるのが、前年の理事会で名称変更を決めておいて総会議案書に載せなかったのはなぜか？　である。それは、やはり誇りうる民族名称にかかわることだけに、長老ともいうべき人が多い役員にとっては、自ら提案することに躊躇《ちゅうちょ》したのではないか。そこで、民族意識が高く、当然アイヌとしてのプライドの高い理事者たちは、自らのプライドを守りつつ、名称変更するために「若い者の意見提案」を「理解ある年輩者」が受け入れた形にしたかったのではないか。そうでないと、これだけ重要で既定の案件を議案書に載せないことの説明がつかない。また、これは、前述の『静内支部会報』の「若い人にはアイヌという呼称が聞きずらいと思いますが」につながっていく。

偶然の一致か、このときと逆方向であるが、後の「ウタリ協会」から「アイヌ協会」への名称変更問題のときも、「若い者が（変更を怖がっている）」、「若い人が」という声をよく聞いた。

なお、一九六一（昭和三六）年度から初めて北海道からウタリ協会へ運営費が助成された（この年度は一〇万円）。

活動の再開

こうして再建され名称変更し、協会の活動が再開された。一九六二（昭和三七）年七月には、こうした動きに呼応し、日高支庁[*22]と支庁管内のウタリ協会各支部が日高地区のウタリ実態調査を実施した。また、水害で流された北星寮の再建に同年一一月着手し、翌年竣工し「うせない荘」として完成する。

一九四八（昭和二三）年一〇月『北の光』創刊号以降途絶えていた協会の機関誌であるが、一九六三（昭和三八）年三月に『先駆者の集い』創刊号が発行された。一九六四（昭和三九）年四月には、道の委託を受けて授産事業と技術指導を行った。

同年六月の総会において、森久吉が勇退し、理事長に野村義一を選任する。三二年間の「長期政権」の始まりである。同年一〇月、協会事務局を道庁社会課に置き、事務職員一名を雇用し、組織としての体制を整え始めた。

篠田弘作自治大臣等に働きかけて先に再建したうせない荘であったが、赤字経営で先の見通しが立たないことから、余力のあるうちにと、一九六九（昭和四四）年二月に処分した。なお、うせない荘は、登別温泉の奥まったところに今も姿をとどめているが、老朽化し、すっかり廃屋化している。

この年三月には、参議院予算委員会で西田信一委員が、アイヌ問題を国会で初めて取り上げた。また、公布直前の同和対策事業特別措置法の附則にアイヌにも準用されるとすれば、同和対策と同様の対策がアイヌにも適用されることになるが、ウタリ協会の考えはどうかと、秋田大助代議士[*23]から聞かれた野村理事長は、町村金吾北海道知事に相談した。知事は、アイヌと部落は違う、北海道としてアイヌ対策をするから、ということでこの話は白紙となった。しかし、知事は、まったく対策を実行することはなかった。その後の同和対策とアイヌ対策とでは、質・量ともに格段の差があったことを考えたとき、このときの町村の発言は、計り知れないほどの重みを持っている。

「欺《だま》された」野村義一は、その後、町村金吾の子息の信孝が、代議士になったばかりのとき、信孝から求められた握手を拒否したという。それほどにこの一件は、忘れることができなかったようだ。

アイヌ新法案の萌芽

一九七一（昭和四六）年五月二五日、ウタリ協会の代表が当時の佐藤栄作総理に陳情したが、このときすでに、後のアイヌ新法案の萌芽《ほうが》とも見られる考え方が述べられている。『アイヌ民族抵抗史増補版』[*24]から引用する。

先ほど申し上げたように、昭和三五〔一九六〇〕年から、国が不良環境地区の改善事業ということで、われわれ同族の部落の環境をいろいろな面から施設の改善をしていただいたわけでございます。それ以来、本当に見ちがえるように環境がいろいろな面で改善されてきたわけでございます。それで私共は今回、同族の一人ひとり、個々にわたる対策を講じてやらなければ、このまま北海道開道百年になっておってもいまなお格差がついているのに、今後開道二〇〇年の後にはこの格差がもっとひどくなるんじゃないだろうかということで、特に子弟教育の問題、それから住宅の問題、それから生活基盤の、生活を安定させるための問題を、特に三点に取り上げて、いろいろと国の方にも昨年来、ご要望申し上げてきたわけでございます。ですけれども、なおいまのような時代に人種的な差別を政策の上に現わすということはいけないんではないだろうかというお考えもございまして、なかなか踏み切っていただけなかったために、私共も考えて、何とか国なり北海道が私共に基金制度のお考えをつくっていただければ、その基金の金の運用によってこの目的をはたして、同族をいま以上に水準を高めて一般の日本人の水準に持っていきたいと、こういうように考えているわけでございます。

これは、総額三億円の基金を国、道、協会がそれぞれ三分の一ずつ負担するウタリ福祉基金創設構想であったが、実現することはなかった。しかし、小川佐助はこの構想に賛同し、一〇〇〇万円を寄付したという。『エカシとフチ』「小川佐助エカシ　馬師一代*25」から関連のところを引用する。

それから、ウタリ協会へ四七年に一千万円寄付した事なんだけども、あの頃協会の基金を作るため、国と道が一億円ずつ出して、あと一億円は一般の篤志寄付を募って三億円作ると言う話が出たんだよ。まあそう言う事なら、僕もウタリ協会のために一千万円くらいは出さにゃいかんかなと思って、その一千万円出すと言うたんだよ。
　そうしたら、国も道も、その一億円ずつ出す話、立ち消えになったんだよ。だから僕も金出すのをやめようと思ったんだ。けど僕が一千万円出すと言う評判が出てしまって、なんだあの親爺、口ばかり言うてと言われるのが残念で、僕は金を仕度して出したんだよ。だからあの寄付は、僕にとっては少々不本意な金の出しかただったんだよ。

そしてそのあとだが、アイヌ文化も少し伝承させにゃいかんなと思って、アイヌ文化伝承保存会にも寄付したんだよ。だからそのウタリ協会と保存会へ、あれやこれや合わせて二千万円の金は出しているんだよ。

この基金構想は、後のアイヌ新法案に引き継がれた。なお、一九七二(昭和四七)年一一月に「財団法人北海道ウタリ福祉基金」が設立されたが、これは小川佐助の寄付金一〇〇〇万円を基金としたもので、これといった実績もないまま、一九九八(平成一〇)年に解散した。

コラム

新谷行(しんやぎょう)没後四〇年

二〇一九年は、詩人で思想家である新谷行の没後四〇年である。しかし、アイヌ史に関心のあるもの以外には、彼の名はほとんど知られていない。だが、彼の代表的著作

『アイヌ民族抵抗史』（三一新書、一九七二年）は、アイヌ史を学ぶうえで必読の書であると思う。その増補版（一九七七年）が出た頃初めて本書を読んだが、そのときの感動・驚きは、四〇年以上経った今でも、はっきりと覚えている。

本書を開いてすぐに、「歴史は『陰』と『陽』の両電極の激しい闘争の上に成り立っている。『蝦夷』という激しい抵抗体があったからこそ『蝦夷征伐』という歴史的事実が存在した。蝦夷征伐とは、その抵抗体があったから記録されたのだ」とあり、目から鱗《うろこ》が落ちる思いであった。アイヌ側から見た歴史書は、それまで無かったのではないか。少なくとも、私は初めて出会った。

藤本英夫《ふじもとひでお》『知里真志保《ちりましほ》の生涯』（草風館《そうふうかん》、一九九四年）に、知里が一九三〇（昭和五）年に受験した一高の入試の日本史第一問は、「蝦夷征伐の経過を記せ」だったという。彼はそれに「ばかにしてやがる。ぼくは自分の顔を描いて、この人を見よとかいておいたよ」とある。新谷はまさしくアイヌ側から歴史を見ていたのだ。彼は、より顕彰されるべき人物だと思う。

しかし、歴史研究者たちからは、まったく評価されなかった。

後に労作『アイヌ民族の歴史』（草風館、二〇〇七年三月）を著した榎森進《えもりすすむ》は、『アイヌの歴史　北海道の人びと〈2〉』（三省堂、一九八七年）の「参考文献・史料紹介」で「その記述のありかたが非常に一面的・独断的であるところに大きな特徴がある。そしてこれが同書の決定的な欠陥になっている。こうした欠陥は、著者じしんの右のような思想的立場（科学的思考の放棄と思弁的夢想）と、したがってまた考古学はじめ社会科学・歴史学などの学問的な研究成果を全面的に無視ないしは否定するという著者の学問にたいする姿勢のありかたと深くかかわっていることはいうまでもない」と酷評している。海保《かいほ》嶺夫《みねお》は、「昭和四十七年以後多くみられるようになった、情念的で妙に『同情』的なアイヌ史は、歴史そのものとは言い得ない」（『日本北方史の論理』雄山閣、一九七四年）と、これまた酷評である。

これに対して、『静かな大地　松浦武四郎《まつうらたけしろう》とアイヌ民族』（岩波書店、一九八八年）で哲学者の花崎皋平《はなざきこうへい》が、「両氏共に、『抵抗史』を歴史学の学術研究書とみなして、感情的非難をこめた語調で批判している。しかし、『アイヌ民族抵抗史』は、（中略）『史論』、つまり歴史についての評論としてみるべきものである。『原住民』の側に視座をおいて日本歴史を論じようとするその史観を、『思弁的夢想』とか『同情』的だとか評するのは、彼が詩人・思想家の目で歴史を論じたことの意義をまったく見そこなっているように、私には思え」、「専門家の高みから見おろす右の評価に対して、異議をのべ、彼のなした仕事を弁護しておきたい」と高く評価している。

新谷は、一九七二年四月、『アイヌ民族抵抗史』の取材のため北海道を訪れ、そのとき初めて結城《ゆうき》庄司《しょうじ》や山本《やまもと》多助《たすけ》などのアイヌと出会った。とりわけ結城庄司とは、初対面で意気投合したという。それは、『コタンの痕跡』（旭川人権擁護委員会、一九七一年）に結城が寄せた、「旧土人保護法を痛烈に批判し、アイヌの自然人としての尊厳を強調していた」文章に「つねづねアイヌは人間として復権されねばならないという考えをもっていた私に大きな共感を与えた」（『コタンに生きる人びと』三一書房、一九七九年）と、共通する思想を持ち合わせていたからであろう。

その後、同年八月の第二六回日本人類学会・日本民族学会連合大会シンポジュウムにアイヌ解放同盟（代表結城庄司）・北方民族研究所（代表新谷行）の連名で公開質問状を出したり、同年九月にシャクシャイン像の知事名の文字盤を結城らとともに削り取ったりと、共同行動をしている。同年一一月に結城が創刊した『アイヌ解放』には、資金・編集に全面的に協力するほど、二人の交流は濃密なものであったようだ。

新谷は、一九三二年北海道留萌《るもい》郡小平蘂村《おびらしべむら》（現小平町《おびらちょう》）で馬喰《ばくろう》の五男として生まれる。地元の留萌高校卒業後、中央大学法学部に進む。高校の同級生が、「格が違う」と彼のことを評していることから、飛び抜けて優秀だったと思われる。

彼が、アイヌ問題に関心を持つきっかけは、「私にアイヌの血が流れていることは確かですが、それよりむしろ小学生の時、同級生のアイヌがいじめられていたこと」（一九七二年一一月一六日、『北海タイムス』夕刊）によるという。目の前にある差別を傍観してしまったり、時には加担者の一員になったことのある人は、筆者を含め少なからずいるだろう。

新谷は、「詩を書いているのでユーカラに興味がある」が、「金田一京助《きんだいちきょうすけ》さんが調査、採取したユーカラには言霊《ことだま》がないと思います。（中略）本物のユーカラを伝承し保護していくためには、アイヌ自らが立ち上がらなければと思います。この本もそういう想いを込めて書いたものです」と『アイヌ民族抵抗史』を著す思いを答えている。なお、同書は、二〇一五年に河出書房新社から復刊されている。

加藤登紀子が新谷の詩「シララの歌」を曲にしていた。「シロカニペランランピシカンコンカニペランランピシカン」と有名なアイヌ神謡のサケへ（折返し）が使われ、曲を趣高いものにしている。詩人新谷行がここにいた。

※本稿は、『けーし風』一〇四号（二〇一九年一〇月）に掲載された文章に加筆修正したものである。

ウタリ福祉対策

一九七二（昭和四七）年に北海道は、初めて「ウタリ生活実態調査」を実施し、そのデータをもとに七カ年計画の「第一次ウタリ福祉対策」を策定し、一九七四（昭和四九）年から開始した。この施策は、第四次、二八年間にわたって行われ、その第五次・第六次ともいうべき「アイヌの人たちの生活向上に関する推進方策」に引き継がれている。

これらの施策は、次の四つの柱からなっている。

一、アイヌ文化振興（アイヌ語教室、アイヌ古式舞踊継承活動等のアイヌ民俗文化財活動費助成、アイヌ民族文化祭開催費助成）

二、教育対策（高校や大学等の入学支度金、修学資金の給付や貸付）

三、生活の安定と産業振興対策（就業支援、住宅資金貸付、農林漁業対策）

四、理解促進（普及啓発活動等）

ここで留意しなければならないのは、「北海道ウタリ福祉対策」は、「北海道が策定し、関係市町村の負担も含めて国が補助する形式になっており、対策予算の約半分を国が賄っている。正式な法的根拠が存在しないことで一般に見逃されがちであるが、『ウタリ福祉対策』は、北海道庁の対策だけでなく、日本政府の現代アイヌ政策の核をなすものである[*26]」ということである。この指摘は、アイヌ文化振興法が制定される前の一九九一年のものであるが、法の制定後も本質的には変化がないと考えてよい。

国は、一九七四（昭和四九）年五月に、北海道開発庁や総理府他八省によって構成される「北海道ウタリ対策関係省庁連絡会議」を、「ウタリ対策を円滑に推進していくために」設置した。しかし、「各省庁にとって、同和対策と同じ仕組みの方が問題を処理し易く、予算も取り易いという、官僚の便宜主義に制約され、一九六九（昭和四四）年に『同和対策事業特別措置法の制定に関連し、同和問題とウタリ問題とは切り離して考えるべきであるとの意見が道からなされた』にもかかわらず、『国のレベルでは、同和対策のメニューのコピーが多い』対策が実施されることになる。道庁としても、一部の文化関係を除いては、『同和対策にないことをやらせるのは難しい』という認識から、『地域改善対策』と同様の仕組みの事業を導入し、推進することになった[*27]」ことから、個人対策よりも地域対策に重点が置かれることになる。

こうして、「北海道ウタリ福祉対策」は、開始当初から歴史的経緯も現況も異質な「同和対策のコピー」という、いわば「服に体を合わせる」ような窮屈なものであった。また、「『ウタリ福祉対策』の形成過程において、アイヌ民族としての十分な主体的参加は保証され[*28]」ていなかった。であったから、ウタリ協会は、一九八八（昭和六三）年の国連先住民作業部会で次のように述べている。

日本政府は、過去一四年間にアイヌの共同体に総額三四九億円を注ぎ込んだことで満足し、実際、誇りとしているように思えます。それは、アイヌの母なる大地の過去一二〇年間の賃貸料としては相当に安い賃貸料ではありますが、お金の額が問題なのではなく、問題は、そのお金がどのようにして、どこに用いられるかを誰が決定するのかということです。アイヌ民族に対する日本政府の福祉対策は、共同体決定権のない福祉対策の明らかな失敗例であります。

北星寮とうせない荘

北星寮とうせない荘は、ともに北海道アイヌ（ウタリ）協会の「保養所」である。一九四八（昭和二三）年に幌別村*29（現登別市）が、既存施設を買収し北海道アイヌ協会に管理運営を委託したのが北星寮である。しかし、一九六一（昭和三六）年一〇月に、水害により建物全部を流失したため、一九六三（昭和三八）年、場所を移し新たに開設されたのが「うせない荘」である。

なお、北星寮は、一九四六（昭和二一）年取得説もあるが、『アイヌ新聞』第一〇号（一九四六年一二月六日）に、

登別に温泉療養所を！

登別温泉町に住むアイヌの先覚森久吉氏は同所にアイヌ専用旧土人療養所設置を多年提唱し厚生問題の強調される折とて手代木《てしろぎ》元代議士の援助を受け目下要路に猛運動中である。

とあることから、一九四六年説は取りがたい。設置の時期を確定するべく『登別町史』『登別議会史』やこの時期の新聞記事を検索したが、該当するものを発見することはできなかった。

北星寮（森豊氏 蔵）

また、この記事にあるように北星寮設置への取り組みは森久吉が中心になって行ったようだ。そして登別町から「協会への管理運営委託」になったのは、おそらく森久吉の政治力によるところが大きかったと思う。森は自ら管理人として、北星寮に家族で住み込んでいる。

ただ、当初の設置目的は、小川正人が指摘[*30]しているように、「北海道旧土人並びに引揚者戦災者及び一般生活困窮者の収容保護」となっており、協会の「保養施設」ということからすると、かなりずれている。実態としては「収容保護」は、「旧土人」も「引揚者戦災者及び一般生活困窮者」も行われた形跡はない。はじめから「本音と建て前」を使い分けていたとしか考えられない。厳しい差別状況の中では、アイヌ施策に対しての理解は得られづらいので、目的を多目的にし、対象をぼかしたのであろうか。

森久吉は、一八九五(明治二八)年六月二〇日に白老町に生まれ育ち、北海道庁立小樽水産学校(現北海道小樽水産高校)卒という当時のアイヌの中では、高学歴であった。一九七八(昭和五三)年一月一二日没。なお、阿寒在住の山本文利によれば「高等小学校を卒業した後、鵡川の大川原コピサントクの鞄持ちをやったことがあると言ってた。大川原さんは畜産組合長をしていたが、日本語があまり得意でないので、アイヌ語もわかるアイヌの若い者を捜していたことを聞いて鞄持ちになったそうだ。大川原さんがアイヌ語で挨拶をしたのを森さんが日本語に訳したそうだ」という経歴を持つ。

なお、『アイヌ新聞』にでている「手代木元代議士」とは、貝澤正によれば「手代木隆吉は、アイヌ代議士と呼ばれ、アイヌの支持と信頼を受けていた。昭和一二年、北海道旧土人保護法の改正案が国会に提案された。傍聴のため上京したアイヌ代表者を迎えた手代木は、国会議事堂を背景にして、代表と共に記念写真におさまっている」[*31]という人物である。

北星寮の経営状態

一九五五(昭和三〇)年に、北星寮は、登別町からアイヌ協会に無償移譲された。

一九六一年一〇月の集中豪雨で、関連資料のほとんどが失われたものと思われ、詳しい収支状況は不明だ。しかし、利用者も少なくスタートしたときから経営は苦しかったようだ。

うせない荘の建設

北星寮改築計画中の一九六一（昭和三六）年一〇月、水害により建物全部が流失したため、一九六三（昭和三八）年、場所を移し「うせない荘」として再建される。場所は、北星寮のあった温泉街中心部から奥に二キロメートルほどいったところで、交通の不便なところであった。

この間の修復計画に関しては、『野村義一と北海道ウタリ協会』[*32]「対談白老にて」に詳しいので、そこから引用する〔司会：藤本英夫、野村：野村義一（当時北海道ウタリ協会理事長）、貝澤：貝澤正（当時北海道ウタリ協会副理事長）〕。

司会　昭和二一年の創立から三五年の再建までは、主だった運動というのはなかったんですか。

貝澤　昭和二三年には静内で青年弁論大会を開いており、それには私も参加してます。踊りや歌を歌ったり、弁論を聞いてます。

司会　弁論大会は新聞記事にもなってます。その後はどうして中断したんでしょう。

貝澤　北星寮の所領関係で、まず昭和二一年から二五年ころまで北星寮を使って当時総会をやっていたが、それが水害で流れてしまった。その再建問題が出てきて、アイヌ協会がまた浮かび上がってきたということではないでしょうか。

司会　北星寮とはなんですか。

野村　温泉付保養所で、米をもっていって泊まりながら療養する場です。

貝澤　北星寮再建の起債のときに、理事長が自治大臣をやっていた篠田弘作に会っています。

野村　今の渡辺省一、高橋辰夫が秘書をやっていたときです。篠田大臣が苫小牧《とまこまい》にこられたとき、私と淵瀬惣太郎、宇南山《うなやま》斉さんともう一人で、苫小牧の市民大会で挨拶をしてきた篠田先生を楽屋裏でつかまえたんです。

　北星寮の新しい建物を建てたいんですが、というと、大臣は森さんから北星寮の修理について前から聞いていて、それでは岩倉組にいうから、そこから材料をもらって直せと森さんにいってたらしく「だから岩倉組に材料をもらえといったじゃないか」という。「先生、そうじゃなく、北星寮はもう流れていて、それをどう再建するかの話です」といいましたら、それでは俺の車に乗れ、ということになりました。それで自宅に連れていって、秘書の渡辺省一を呼び、どうしたら良いかを問いました。渡辺省一は、「方法に二通りあります。一つはウタリ協会に直接資金を道から補助する方法。もう一つは登別市に補助金を交付して、それからウタリ協会へ流す方法です」と答え、大臣はその答えを聞いて、明日お前は一緒に上京せず、道庁でことの真偽を確かめてこい、といわれました。その後、当時の金で三百万が登別市に下り、道庁が五百五十万寄付を出し、関係市町村からも寄付金が出て、北星寮の再建となったんです。これがうせない荘となり、運営委員会を作り、淵瀬さん、宇南山さんが委員となりました。そこに森さんは、依然として幹事長か書記長になり、管理人となるつもりだったんですが、北星寮のときの批判もあり、反対しました。支配人は別途に外部の人に頼もう、森さんは理事長となって、間接的に管理してください、ということになりました。

うせない荘（筆者撮影）

うせない荘の経営状況

こうして森久吉理事長を先頭に北海道アイヌ協会として積極的に取り組み、北海道や登別町をはじめとする関係市町村などの助成や各方面からの寄付などを得て、再建された「うせない荘」の経営状況はどうであったろうか。

昭和三八（一九六三）年度～昭和四二（一九六七）年度

の平均で一日あたりの宿泊者数は、七・二二人である。最も多かった昭和三九（一九六四）年度でも八・七八人、延べ三二〇三人しか利用していない。

利用者数が少ない原因としては、同族の保養所として設置したが、次の問題点がある。

（一）温泉保養所であるにもかかわらず、湯量が少なく温度も低い。また浴室の設備が悪い。
（二）利用人員がほとんどない。
一般客一日平均八人程度（うちアイヌの利用者は、一・六人程度である）。
（三）客室としての調度品が整備されていない。
（四）食堂にテレビが一台あるが山間のため映像不良、その他の娯楽設備はない。
（五）収容定員が（客室八、定員二七人）と少ないため団体等の利用がない。
（六）臨海温泉が国道沿いに沢山できたのでお客は手近なところに宿泊するようになった。
（七）温泉街より隔絶し地の利が悪い（温泉駅より約二キロメートル）。
（八）一般会社、官公庁等の寮に比し特に低額ではない。
（九）施設の拡張、内容の整備等に必要な資金が不足であり、調達することは不能である。
（一〇）委託経営等について検討したが引き受ける者が見当たらない。

意外なことに、民族の保養所として開設されたうせない荘であったが、「アイヌの利用者は（一日平均）一・六人程度」しか活用されていなかったこと、一般の活用がそれに比して、一日平均六・四人とアイヌの四倍もあったことである。

いずれにしても、設置場所が登別温泉地の中でも奥まったところで、温泉駅から遠く、不便であった。また、国道三六号線沿いの太平洋沿岸の白老町虎杖《こじょう》浜《はま》地帯に新興の温泉街ができ、交通の便の良いそちらに客を奪われた。

また、集客能力も少なく団体客には向かなかった。さらに、テレビは備えてあるものの、電波状態が悪くほとんど役に立たず、客への娯楽提供状態は貧弱であった。

こうして、赤字は膨らむ一方で、残る手は一つしか残されていなかった。「うせない荘も利用者が少なく、銀行から運営資金を借りたが、返せなくて、最終的には処分しました」[*33]。こうして、一九六九年、赤字運営のため、売却した。

北星寮・うせない荘の活用

北星寮の活用について、前述の対談の中で貝澤正は、「昭和二一年から二五年ころまで北星寮を使って当時総会をやっていた」と言っている。また、野村義一は「温泉付保養所で、米をもっていって泊まりながら療養する場です」と話している。これからすると北星寮はアイヌ協会が総会などの会議等で使用したり、協会会員等が（低料金で）「保養所」として活用した施設ということができるだろう。

そして会議で使用した記録としては、様似《さまに》の菊地玉枝によれば、「戦後まもなくの頃、知里真志保さんから連絡が来て、アイヌ協会というものができたので入るようにということを言われ、（様似から）五人が代表として登別での会議に行くことになった」ということがあった。また、鵡川の宇南山正儀によれば、「昭和二三年頃、父親に言われ、登別で行われたアイヌ協会の会議か何かに参加したことがある。森さんにもお会いした、大きな人だった」ということであった。

注

＊1　『旭川・アイヌ民族の近現代史』（金倉義慧著、高文研、二〇〇六年四月）が詳しい。

＊2　菅原幸助著、現文社、一九六六年、一四五〜一五二頁。

＊3　アイヌの民族の古式舞踏《こしきぶよう》や儀式などの伝承保存活動を行う団体。時代の移り変わりとともに歌や踊りが伝えられなくなることを心配した伏古《ふしこ》コタンのお年寄りたちが、一九五〇年代に「十勝アイヌウポポ愛好会」を結成し、一九六四（昭和三九）年に「帯広カムイトウウポポ保存会」と名称変更。一九七一（昭和四六）年、帯広市文化奨励賞を受賞。一九八二（昭和五七）年、帯広市文化財第三号として指定された。さらに、一九八四（昭和五九）年二月に国の重要無形民俗文化財に指定された八団体の一つ。

＊4 萱原幸助、前掲書。
＊5 前掲書。
＊6 『チャランケ』（結城庄司著、草風館、一九九七年七月）九九頁。
＊7 萱原幸助、前掲書。
＊8 『アイヌ民族抵抗史増補版』（新谷行著、三一新書、一九七七年一月）二五〇頁。
＊9 『コタンに生きる人びと』（新谷行著、三一書房、一九七九年九月）一五二頁。
＊10 荒井源次郎著、加藤好男編、一九九二年五月。
＊11 一九二三（大正一二）年、新ひだか町三石歌笛《うたふえ》生まれ、二〇一〇（平成二二）年没。二〇〇二（平成一四）年度アイヌ文化奨励賞受賞。
＊12 籾《もみ》を玄米にする機械。
＊13 一間（けん）六尺≒一・八m＝だいたい畳の長い方　参考：一間×一間＝一坪
＊14 北海道開拓を目的に浦河町に、一八八二（明治一五）年入植したクリスチャンの開拓団（浦河町HPから）。
＊15 『野村義一と北海道ウタリ協会』（竹内渉編、草風館、二〇〇四年一〇月）二〇四頁。
＊16 同。
＊17 同。
＊18 一九三八年二月二〇日釧路市生まれ。一九七二年アイヌ解放同盟創設、代表に就任し、北大アイヌ差別講義糾弾・アシㇼ チェㇷ゚ ノミの復活などアイヌ解放運動に生涯を賭した。一九八三年九月三日四五歳で没

した。

＊19 『アイヌ史三』（北海道ウタリ協会、一九九〇年三月）九五一頁。

＊20 小川正人氏のご教示による。

＊21 結城庄司、前掲書、二一一頁。

＊22 支庁：戦後、地方自治法の施行により、支庁は都道府県条例に基づき任意に設置できる総合出先機関と位置づけられ（同法第一五五条）、昭和二三年、『北海道支庁設置条例』が制定され、一四支庁が設置された。その後、時代の推移に伴い、支庁を取り巻く環境も大きく変化してきたことから、支庁制度の見直しについて様々な議論がなされ、平成二一年三月、『北海道支庁設置条例』を全部改正した『北海道総合振興局及び振興局の設置に関する条例』が制定され、平成二二年四月から施行され、現在、旧支庁は振興局、総合振興局に改変されている（北海道ＨＰから改変引用）。

＊23 一九〇六～一九八八。昭和時代後期の政治家。昭和二一年衆議院議員（当選一二回、自民党）。第三次佐藤内閣の自治相兼法相をつとめ、四七年衆議院副議長。昭和六三年一一月死去。八二歳。徳島県出身。東京帝大卒（「コトバンク（https://kotobank.jp/）」から引用）。

＊24 新谷行著、三一新書、一九七七年一月、二六八頁。

＊25 『エカシとフチ』編集委員会編、札幌テレビ放送、一九八三年、一二一頁。

＊26 『論集いぶき』「先住民族の権利、アイヌ、そして日本」七〇頁（北九州市同和問題啓発推進協議会編・発行、一九九一年三月）手島武雅。

＊27 同。
＊28 同。
＊29 幌別村は、一九五一（昭和二六）年に町制施行し幌別町に。一九六一（昭和三六）年に登別町に改称。一九七〇（昭和四五）年に市制施行し登別市。
＊30 『北海道立アイヌ民族文化研究センター研究紀要第九号』（二〇〇三年三月）「調査報告」。
＊31 『先駆者の集い』第二一号（一九七九（昭和五四）年五月）。
＊32 竹内渉、前掲書、二〇一頁。
＊33 前掲書、二〇三頁。

第4章　福祉活動から民族活動へ

ウタリ協会事務局体制の確立

　ウタリ協会事務局は、それまで北海道民生部内にあったが、一九七四（昭和四九）年四月、「北海道ウタリ福祉対策」の開始とともに、北海道は事務局独立の予算を計上し、北海道社会福祉会館に活動の拠点ができた。北海道の民生部主幹であり、新冠《にいかっぷ》アイヌである葛野守市《くずのもりいち》が、同年五月に北海道から事務局長として派遣され、職員も二名配置された。

　これは、前年の七三年に二四年間勤めた白老《しらおい》漁業協同組合の専務理事を退職し、「協会の理事長職に専心しはじめた野村が最初にみせた政治力」[*1]であった。そして、「折から、いわゆる『北海道旧土人保護法』の改廃問題の論議がたけなわになりつつあったが、葛野は長い間道庁職員を勤め、それもずっと福祉行政のベテラン。それに貝澤正副理事長が加わっての野村との組み合わせは、協会の歴史の上で絶妙なトロイカ体制にみえた」[*2]と評されるように、この三人組のウタリ協会に果たした功績は大きなものがあった。

一九六八（昭和四三）年から一九九六（平成八）年まで、協会の理事（うち一九七二年〜一九八四年副理事長）を務めた阿寒の澤井進は、「強引に進もうとする野村さんとそれに必要なときには異を唱える葛野局長とがぶつかるとき、温厚な貝澤さんが間に入ってうまくまとめていた。この三人の関係は絶妙だった。貝澤さんは本当に物知りだった。質問してわからない、といわれたことが、なかったほどだった。また、本当に温厚な人で怒ったのを見たことがない」という。

アイヌ民族運動の盛り上がり

米国の黒人解放運動・いわゆるブラックパワーの影響を受け、一九七〇年代以降、米国をはじめとする各国の先住民族解放運動が盛んになった。*3 アイヌの個人や団体の海外交流が増えるとともに、その情報や活動のエネルギーを持ち帰るようになり、アイヌがアイヌとしての自己認識を強め、自らのアイデンティティを確立しようとするアイヌ民族活動が展開されるようになった。

一九六八年に行なわれた〈北海道百年記念祝典〉*4 に前後して、開拓賛美の北海道史観に抗議するアイヌの運動が盛んになり、旭川アイヌ協議会（一九七二年）、アイヌ解放同盟（一九七二年）、ヤイユーカラ・アイヌ民族学会（一九七三年）などが結成され、十代、二十代のアイヌが発起人の新聞『アヌタリアイヌ』（一九七三年）が発刊された。この新聞は、「差別との闘い、文化の継承、古老からの聞き書きなどに取り組み、先駆的役割を果たし、一九七六年に第二〇号を出して終わる」[5]。

彫刻家砂澤ビッキ[6]提唱による〈第一回全国アイヌの語る会〉が開かれたのも一九七三年である（第二回は一九八七年）。

一九七二年に札幌医科大学で「第二六回日本人類学会・日本民族学会連合大会」が開催された。これは「いわば日本における人類学・民族学の総決算ともいうべき大会[7]」であった。アイヌ解放同盟（代表・結城庄司）等は、アイヌ研究の目的を問うた公開質問状を連合大会に出席したすべての学者、研究者に出し、回答を求めた。回答は一切なかったが、これまで「研究される対象」に一方的に置かれてきたアイヌから初めての「研究する側」への鋭い問いかけであった。

一九八五（昭和六〇）年、チカップ美恵子はアイヌ研究者の更科《さらしな》源蔵を相手に民事裁判を起こした。『アイヌ民族誌[8]』に自分の写真を無断で掲載され肖像権を侵害されたことに対して、謝罪と損害賠償を求める訴えだった。訴えの第一の理由は肖像権の侵害にあったが、訴状はさらにアイヌ研究がアイヌ民族の誇りを傷つけ、原告らの名誉を著しく損なってきたことを指摘した。訴えられたのは研究者による民族差別そのものだったといえる。被告側は言論や学問の自由を盾に反論を試みたが、最終的に和解が成立し、和解金を支払い原告に陳謝することになった。実質的に原告勝利といえる裁判だった[9]。

北海道旧土人保護法改廃問題

名称も、制定理由も差別的な「北海道旧土人保護法」であるが、戦後に、第三次、第四次、第五次の改正があり、その命は長らえていたが、現実的には死文化していた。

一九七〇（昭和四五）年六月五日、全国市長会総会において、（後に内閣官房長官となり、「ウタリ対策のあり方に関する有識者懇談会」を設置した）五十嵐広三旭川市長が、法律の廃止を提案し満場一致で決議され、一躍世間の注目を集めた。

アイヌ民族内部でもこの問題は論議を呼んだ。特に、五十嵐市長のお膝元旭川では、この改廃問題をきっかけに、一九七二（昭和四七）年旭川アイヌ協議会が発足し、廃止論を強く訴えた。一方ウタリ協会は、「そのアイヌ協議会の人達に何度も会って意見を交換しました。私たち（ウタリ協会）は『旧土人保護法』に反対ではあるけれど、保護法が死文化され、何もしてくれなかったということとの生き証人として、私たちがこの法律を背負って、ウタリ対策を国に訴えるから、もう少し時間をくれないか」[*10]と野村理事長が述べているように、保護法を「生き証人」に「新法」を求めていく路線であり、一九七〇（昭和四五）年六月七日に開催されたウタリ協会総会において、「廃止反対」の決議をしている。

こうした状況の中、「旧土人保護法」があったから土地を取り返すことができた、と確信しているという事例が、協会機関誌『先駆者の集い』（第四号、一九七三年一月）に掲載されている。

幕別《まくべつ》支部長の安東軍次郎氏の投稿で、「父が昭和二一年に自分の土地を賃貸契約（昭和二一年から九九年間）し」、「契約書の内容はひどいもので父を馬鹿にした、ゴマカシの内容」だったので、地裁に「農事調停の申し立てを行い約一年かかってついに私の主張が通り、その土地を返かんすることになりました」というもので、この訴えが通ったのは、「旧土人保護法があったからであると私は確信しております」ので、他の地区の会員に「早く有利に解決するよう訴えを起こすべき」と勧めている。

結城庄司とアイヌ解放同盟*11

アイヌ協会からウタリ協会への名称変更に見られるように、「アイヌ」という言葉が否定的に使われる風潮にあって、逆に「アイヌ」という言葉を前面に出して活動したのが、結城庄司であった。一九三八年に、釧路で生まれた結城は、一九五九年に阿寒湖畔のアイヌコタン建設に参加し、一九六八年には若くして北海道ウタリ協会の理事に就任した。

一九七二年にアイヌ解放同盟を結成し、北海道ウタリ協会とは異なるアイヌ民族の活動を展開した。翌七三年には、アイヌ解放同盟主催の「アイヌ解放の夕べ」を開催し、約三〇〇名の参加者を得た。

一九七四年一月に日本社会党アイヌ民族問題特別委員会が「アイヌ民族政策」を策定した。この委員会の事務局長が当時衆議院議員だった横路孝弘であり、結城はこの政策案策定に協力した。この政策は、後年北海道ウタリ協会が提案した「アイヌ新法（案）」に通じる理念を基本としており、横路が北海道知事になってから同法案の制定は大きく前進し、後述する「アイヌ文化振興法」が実現する要因となった。

同年九月には、クナシリ・メナシの戦いの犠牲者の供養祭ノッカマップイチャルパを始めた。これは、一七八九年に交易における和人の横暴及び酷使・虐待に対し国後島《くなしり》とメナシ（現在の羅《ら》臼《うす》及び標津《しべつ》根室《ねむろ》付近）のアイヌが蜂起したが、松前藩に鎮圧された後に処刑された三七名のアイヌの供養を行うものであった。処刑で一人ひとりが牢《ろう》から連れ出され首をはねられるときに、ケウタンケと呼ばれる危急の声をあげたことから、夜中に岬の突端でケウタンケを行うのもこの行事の特徴であり、現在も引き継がれている。

しかし、アイヌ解放同盟の活動は警察から過激派と見なされつきまとわれ、同族からも距離を置かれるようになった。さらに、自身も批判していた企業爆破事件への関与が疑われ、一九七六年には副代表の山本一昭が「（壊れた）ライター一個を盗んだ」とされて別件逮捕された。結城は、市民の協力を得て不当逮捕・不当裁判への抗議活動を行った。

一九七七年、北海道大学経済学部での林善茂教授のアイヌ民族差別講義に対する抗議活動を行った。林は、同年四月の「北海道経済史」の講義で「北海道経済史は辺境における開発の歴史である」「主体は日本人であってアイヌではない。アイヌの歴史は切り捨てる」と述べ、さらには身体的特徴を上げた差別講義を行った。この講義内容に疑問を持った受講生が、「差別講義だ」と指摘したところ、その教授は何と自らの講義ノートをさして、「私はこれで二三年間も講義をしてきた。おかしいと言われるのは初めてだ。おかしいのは君たちだ」と居直ったから問題は大きくなった。そもそも同じ講義を二三年間もしてきたこと自体、あきれるレベルであるが、たとえば、「アイヌは米軍にあこがれたパンパンと同じ」というのが、「差別でなく、指摘する方がおかしい」という感覚にはあきれるほかない。

六月になり結城は学生からの相談を受け、林に面会を求めたが、林は学問の自由を盾に面会を拒否した。その後も、学生たちは抗議活動を続けたが林は答えることなく、逆に七月には機動隊を導入し、学生の不当逮捕に至った。学生たちの反差別の純粋な願いは、冷たく無視をされ、蹴散らされたのである。こうして、『学問の自由』や『言論の自由』を楯に守られたのは、権力や暴力によって抑圧された人びとの言葉ではなく、体制側の言論であった[*12]。

一二月一四日に結城は林に対し公開質問状を送付し自己批判を求めたが、期限までに返答はなかった。同月二一日には極寒積雪のなか、経済学部敷地内にテントを張り、三二日間座り込みを続けた。命をかけた抗議といえる。年明けの一月に林の依頼を受けた萱野《かやの》茂《しげる》が仲介に入り、二度の交渉が持たれた。一月二〇日には、公開質問状で指摘した事項のほとんどに自己批判した回答書に調印した。

これは、アイヌ民族の同化政策研究の砦、つまり北海道（帝国）大学に、はじめてアイヌ側からクサビが打たれた歴史的な瞬間である。そのときに、林教授から仲介を依頼されたのが、後に民族初の国会議員となる萱野茂であった。「アイヌはどんな相手でも最後まで追いつめない。相手の生活権を奪ってはいけない。また、結城庄司さんは、私たちアイヌにとって大事な人だから、寒中雪の上にテントで、万一の事があってはいけない」と穏やかながら説得力のある物言いで、両者を説得した。結果、林教授は全面謝罪したが、教授職はそのままという、萱野の調停案そのものであった。文化人だった萱野が政治の舞台に登場した最初でもあった。

北海道大学新聞

林教授（経済）差別発言を自己批判

1月20日

アイヌ解放同盟の公開質問状に回答

一・三〇学生交渉からは逃亡す

萱野茂氏の仲介で

文芸・社会・思想書専門 札幌 ルビコン書房

抗議活動に関する記事　『北海道大学新聞』（小坂博宣氏 蔵）

一九七八年春、登別《のぼりべつ》から結城庄司アイヌのところに一本の協力依頼の電話がかかってきた。それは、アイヌの共同墓地が壊されて、その上に市長家の墓が建立されていて、抗議しても聞き入れてくれないので、支援指導してほしい、というものであった。おそらく前述の北大での彼の取り組みに刺激を受けての依頼と思われる。この要請にこたえて彼は、半年間登別に通い詰め、地元アイヌを組織し、「調査研究なくして発言権なし」をモットーに実に緻密でかつ大胆な運動を展開していった。

登別は「アイヌ共同墓地破壊問題」で騒然としていた。田村仙一郎登別市長（当時）が、一九七一年、助役時代にアイヌの共同墓地を破壊し、自家の墓碑を建立したのである。しかも施工業者はウタリ協会登別支部長であった。アイヌ民族の埋葬法は、土葬で、約二メートル掘り、埋葬した上に土を盛った楕円《だえん》形の土まんじゅうを作るというものであった。その上に墓石などは建立せず、木製のクワ（墓標）をたてるだけである。墓石のないことを「空き地」と強引に解釈し、田村は助役という地位を利用し、「正式な」使用許可証を市の担当職員に発行させ、書類上は正規な手続きを経て建立したのであった。このことは一九七五年三月の市議会でも取り上げられたが、「正式な」許可証が功を奏し、大きな問題にならなかった。

そうしたところに結城アイヌが登別入りし、「死んでも差別されねばならないのか！」と、地元のアイヌによって、一九七八年「アイヌ共同墓地破壊に抗議する会」が結成され、草の根の抗議行動が粘り強く展開された。全道各地から寄せられた支援・カンパに支えられたこの地の画期的な闘いである。

翌年四月の市長選挙で田村仙一郎候補は落選した。なお、当選した対立候補は、アイヌの血を引く者・アイヌ協会二代目理事長森久吉の縁戚であった。不思議な因縁を感じる。建立された墓を撤去することはできなかったが、虐げられ続けてきたアイヌが、はっきりと抗議の意志を表明し、分断されていた状態から、「抗議する会」の活動を通してまとまり始めた。このことは、登別アイヌにとって大きな成果ということができるだろう。

その後、「抗議する会」に結集した人たちが中心になって、ウタリ協会登別支部改革の気運が高まった。それまで支部は、一部幹部に支配され、壊滅状態にされており、名ばかりの存在であった。さらには、共有財産を喰い物にし、私腹を肥やす幹部までいるありさまであった。そんな状態であるから、退会する会員の多いこと。アイヌと名乗らない人、名乗れない人の多いこと。まったく分断された状態であった。

「抗議する会」の闘いの中で進められた支部改革は、一部幹部とそれに利権誘導された者たちの抵抗・妨害にあいながらも、少しずつ着実に成果をおさめていった。

登別はかつて、金成《かんなり》マツ、知里幸恵《ちりゆきえ》、知里真志保《ちりましほ》などの優れた人物を輩出し、多くのアイヌにとって憧れの地であったが、この頃は低迷を続けていた。しかしこの会の結成や結城アイヌの活動によって少しずつ活気を取り戻し、「寝ていた登別アイヌが目覚めた」とアウタリ（アイヌ同胞）より高い評価を受けた。

このときに、会員からぜひ支部長にと推されたのが、平取町《びらとり》二風谷《にぶだに》出身の貝澤茂雄であった。プレハブの設置解体を主たる業務とする建築業の貝澤組の社長である。温厚誠実な人柄から会員の信頼はあつかった。貝澤支部長の下に、新生登別支部は、着実に成長発展をしていった。

一九八〇年に、結城は『アイヌ宣言』を出版した。この著書の中で、それまでの和人側からの歴史観に対しアイヌ民族側からの歴史観を提示し、奪われた権利を自らの手で回復する必要があると「復権」の論理を展開した。この結城の「主体は和人ではなく、アイヌ民族である」という発想の転換が、その後のアイヌ民族に対する視点に大きな影響を与えた。

一九八二年には、後述する「アシリチェプノミ」(新しいサケを迎える儀式)を復活させた。

一九八三年四月には、横路孝弘北海道知事が誕生した。結城は前述の社会党のアイヌ民族政策を実現させるために、この選挙戦において病気療養中であったにもかかわらず全道各地三〇〇〇キロメートル超を回り、同族へ支持と政策実現への協力を訴えた。横路知事が誕生したことによって、「アイヌ新法(案)」制定の取り組みが大きく前進し、「アイヌ文化振興法」の実現につながった。

同年四月には、文化の復権を目的として「札幌アイヌ文化協会」を創設した。この設立は、民族文化という「武器」を最大限に活かす組織を作るという彼の戦略であり、前述の儀式復活は「コンクリートジャングルのここ札幌で、アイヌ民族の伝統行事を行い、滅びることを拒否し続けているアイヌが多数参加すること自体が、声高に叫ばなくとも、鋭い刃物となる」ということであった。

しかし、北海道知事選などでの無理がたたり、一九八三年九月三日、急性心不全で四五歳の生涯を閉じた。

北大アイヌ人骨問題[*13]

北海道大学医学部に、「学術研究」の名の下に多数のアイヌ人骨が収集され、その収集経緯や粗雑な保管など問題が多いと、札幌在住で新冠出身・元道職員の海馬澤博《かいばさわひろし》が、北海道大学総長にあてた一九八一（昭和五六年）年一二月二一日付の書簡により明らかになった。

これらの人骨は、日本学術振興会学術部に、「アイヌの医学的研究」を行う目的で第八小委員会が設置され、その小委員会の研究分野のうち、解剖学担当の委員に就任した、北海道大学医学部教授山崎春雄と児玉作左衛門の両氏が中心となり、一九三四（昭和九）年から一九三八（昭和一三）年にかけて、八雲《やくも》、浦幌《うらほろ》、長万部《おしゃまんべ》、森、北見、旧樺太《からふと》及び千島《ちしま》等の各地から、一九五六（昭和三一）年には、静内からアイヌ民族人骨の発掘収集したものである。

人骨の発掘収集数は、北海道関係八二三体、旧樺太関係九一体、旧千島関係五一体の計九六四体である。その他四〇の不在葬があり、これら不在葬からは、頭蓋（骨）は収集されていないが、これを合わせると一〇〇四体となるとされた。

海馬澤博から問題提起を受けたウタリ協会は、一九八二（昭和五七）年六月開催の理事会において「適切な措置をとるべきである」となり、同月八日付をもって北海道大学総長あてに、

（一）供養に誠意ある一連の措置を将来にわたっても行うこと。

（二）地域が希望（遺族である個人も含む）する場合は返還すること。

以上の二点を要請した。

同年一二月に、北海道大学保管のアイヌ人骨にかかる返還希望について該当地区の一八支部を対象にアンケート調査を実施した。

この調査の結果、釧路、旭川の二支部については、「現地で引き受ける」旨の回答があり、残る一五支部については「全道一括して供養の方途を講じて欲しい」旨の回答があった。さらに江《え》別《べっ》支部については、継続協議してきた結果、一九八四（昭和五九）年三月一日「納骨堂を建てることを条件で現地で引き受ける」旨の回答を得た。

北海道大学総長あてに要請文書を提出して以来、前記アンケート調査結果等も踏まえて北海道大学（医学部）側等と十数回にわたり協議を重ねてきた結果、納骨堂の建設と、希望する場合に

は人骨を返還する旨の確認を得た。

これら一連の問題については、一九八四（昭和五九）年五月二七日開催の協会定期総会に提案され、さらにイチャルパ（供養祭）の実施方法については、理事会で協議していくことで可決され、定期総会終了後、理事会内の総務部会において、イチャルパの実施方法等について検討された。同年七月二五日納骨堂が完成し、同月二七日、静内支部高田勝利氏他四名並びに協会関係理事、北海道大学医学部関係者によってチセノミ（竣工の儀式）が行われた。

さらに、七月三〇日より八月一日の三日間にわたり、協会関係者立ち会いのもと納骨堂への人骨移管が行われた。

八月一一日、関係者の協力により、第一回イチャルパが実施され、以降毎年ほぼこの時期に実施されている。

一九八八（昭和六三）年三月九日・六月二九日の二回にわたり、広重北大医学部長と「アイヌ人骨供養祭執行基金」（仮称）の創設にかかる協議を行い、基金は二一〇〇万円とすることとなった。同年度のイチャルパ執行にかかる経費については、前年同様一〇〇万円とすることとなった。

二〇一三（平成二五）年三月二一日、「北海道大学医学部アイヌ人骨収蔵経緯に関する調査報告書」が提出された。この報告書等によれば、人骨の発掘収集数は、すでに各地に引き取られた数も合わせて一〇四九体であることが判明した。

同年七月一四日、アイヌ納骨堂が増築され、関係者の協力のもとカムイノミが行われた。

南北の塔イチャルパ

戦死者の実数は、いったいどれくらいなのか判然としないが、ウタリ協会調査で判明しただけでも四三名のアイヌ兵士が沖縄戦で戦死している。同協会は、一九八一（昭和五六）年から概ね五年ごとに糸満市真栄平《いとまんしまえひら》の「南北の塔」前で、アイヌプリ（アイヌ民族の伝統作法）でイチャルパを二〇〇五（平成一七）年まで六回行った。毎回、準備の段階からあとかたづけまで、南北の塔の地元の真栄平自治会、同老人会の多大な協力があった。

一九四五（昭和二〇）年、沖縄住民の命は米軍からだけでなく、「友軍」であるはずの日本軍からも奪われていったという。糸満市真栄平も例外ではなく、当時一三歳の仲吉喜行《きこう》は、「死ぬのが怖くなかった。なぜなら、何人もの人が命を落としているのを目の前で毎日みていたから」と言う。こんな状況の中で仲吉は、弟子豊治《てしとよじ》と知り合った。当時の日本政府は、本土決戦の前哨《ぜんしょう》戦《せん》として、沖縄でアメリカ軍を迎え撃つために、全国から兵隊を沖縄に集めていた。その中にはアイヌもいて、後に協会の理事を務めた弟子はその一人であった。仲吉は弟子を「普通の日本兵とは違う」と感じた。弟子はアイヌであるからこそ、日本兵である前にアイヌとして沖縄の人に接したのであろう。

アメリカ軍の捕虜となった弟子は、終戦となっても故郷に帰ることができずにいたが、喜行少年が調達してきた別人の軍服を着て収容所から脱走し、何とか北海道に帰り着くことができた。

真栄平地区内には地元住民、日本軍兵士、そして米軍兵士の区別がつかない夥《おびただ》しい数の遺骨が戦後しばらく放置されていた。とりあえず、壕《ガマ》に集めてはいた。地区内住民の半数以上を戦争で失うなどの壊滅的な打撃を受けた真栄平地区では、生きるのに精一杯の状況であったが、部落総会で決議し、浄財を集め一九五三（昭和二八）年に納骨堂を建立した。

一九六六（昭和四一）年、弟子たちは、アイヌ民芸品販売で沖縄を訪れた際に真栄平にも立ち寄り、寄付を申し出て、その納骨堂の上に慰霊塔を建立した。北から南から来た兵士も、地元住民も犠牲となっているということから「南北の塔」と刻み、弟子の所属していた部隊が「山部隊」と呼ばれていたことから、山の仲間という意味で「キムンウタリの塔」と塔の北側に刻んだ。

こうした縁から、ウタリ協会は、沖縄戦において犠牲となったアイヌ兵士の供養祭を「南北の塔」前で行ってきた。

最終となった二〇〇五（平成一七）年一一月の第六回には、老人会を中心に四〇名を超える地区の方々が、参加された。

祭司が持参してきたイナウ（木幣）等でヌササン（祭壇）を設《しつら》え、仲吉が北部で調達してきた丸太でこしらえたイヌンペ（炉縁）に火をたき、アペフチカムイ（火の女神）をお迎えし、祭司がアイヌ語で、カムイ（神）に祈りを捧げた。「アイヌ語がわからなければ、日本語でもいいからカムイに祈りなさい」との指導に従い、参列者一同、日本語でウチナーグチでそれぞれ祈りを捧げた。

最後に遺族がそれぞれの戦死した先祖に一本ずつのイナウを捧げた。

アイヌ新法制定活動

ウタリ協会は一九七九（昭和五四）年、新法特別委員会を設置し、奨学金や生活館（集会所）建設の補助などを内容とする、北海道ウタリ福祉対策や、有名無実化している北海道旧土人保護法の内容吟味、及び、それに代わるべき新しい法律の適用範囲や内容について検討を重ねた。その結果は、一九八四（昭和五九）年五月の総会において提案され、満場一致で承認された「アイヌ民族に関する法律（案）」（アイヌ新法案）に集約された。この柱は、

一、アイヌ民族に対する差別の絶滅をこの法の基本理念とする。
二、民族特別議席の付与。
三、教育・文化の振興。
四、農林漁業、商工業対策。

五、自立化基金の設置。
六、アイヌ民族政策を検討する審議機関の設置。

となっている。

ウタリ協会は、すぐさま北海道と北海道議会へ要請し、同年一二月、北海道知事横路孝弘は、知事の私的諮問機関としての「ウタリ問題懇話会」を設置し、アイヌの代表も含めた委員により検討を重ね、一九八八（昭和六三）年三月に「懇話会」から知事に報告がなされた。報告は「特別議席」の付与は憲法改正を要するという理由で「付言」とし、なぜか「三、教育・文化」の教育を削ったが、それ以外は、ウタリ協会案と同じ内容となったばかりか、「先住権」がその制定の「一つの有力な根拠となりうる」とした。

同年五月の総会でウタリ協会としては、この報告に添って北海道議会、北海道さらに国に要請していくことを決議し、同年八月には、ウタリ協会、北海道、北海道議会の三者一体で国に対し要請活動を開始した。

さらに、国内ばかりでなく、一九八七（昭和六二）年から毎年先住民に関する国連作業部会に参加し、世界の先住民族の一員として、アイヌ民族の立場を確立していく運動も展開している。また、一九八六（昭和六一）年九月、当時の首相中曽根康弘が「単一民族国家」発言をした。これは彼の意志に反し、まことに時宜を得た反提議となり、国内はおろか世界的な関心を呼び起こし、「日本の先住・少数民族アイヌ」の存在を地球規模でアピールする役割を結果的に果たした。

ウタリ協会、北海道、北海道議会の三者の要請を受けた国は、一九八九（平成元）年一二月、アイヌ新法問題検討委員会を設置した。しかし、結局、何らの結論も出すことができず、「検討のための検討」で終わった。

なお、この間、ウタリ協会は「会員一世帯一万円の新法基金への拠出」活動を展開し、新法制定活動の原資とした。この基金によって、前述の国連会議への参加などが可能となった。

二風谷ダム裁判

高度経済成長期の「一九七一年、二風谷から約三十キロメートル西方で計画されていた『苫小《とまこ》牧《まい》東部大規模工業基地』（苫東）に一日八十万トンの工業用水を送るため、『二風谷ダム』を建設するという方針を札幌通産局（現在の北海道通産局）が出した。この計画が報道されてから二年後の一九七三年、日本はオイルショックに襲われ、産業構造の転換を余儀なくされた。苫東もその影響を受けて鉄鋼や化学工業などの大規模プラントの進出が見込まれなくなり、二風谷ダムからの工業用水は必要とされなくなるといわれた[*14]」。

しかし、苫東計画も二風谷ダム建設も押し進められた。ダムの建設目的こそ、「工業用水」から「洪水調整、水道水用水、発電等」といういわゆる「多目的」といつの間にか変えられてはいたが。

ダムの用地買収が進み、大半の地権者は買収に応じていった。しかし、萱野茂（前参議院議員）と貝澤正（元北海道ウタリ協会副理事長、一九九二年二月死去。子息耕一氏が受け継ぐ）の二人が、ダム建設に異議を申し立て、土地の強制収容にも応じず、一九九三年五月、札幌地方裁判所に提訴し「二風谷ダム裁判」が始まった。

それにもお構いなく「北海道開発局は、ダム工事を続け、一九九六年四月、試験名目でダムに水を入れ*15」た。

一九九七年三月に「国がダム建設で失われるアイヌ文化についてほとんど配慮していなかったことから、強制収容採決とそれに先立つダムの事業認定は違法だった*16」という判決が出された。さらに、「アイヌ民族は先住民族に該当し、民族固有の文化を共有する権利を持つ、という画期的な司法判断が示された*17」。しかし、ダムそのものは完成されておりその取り壊しは、「公共の福祉に反する」ということでダムはそのまま存在することになった。これは原告側の実質勝訴であるが、国側は控訴せず、判決は確定した。

つまり、国は「アイヌ文化に配慮」しなければならないし、これまで「アイヌは先住民族」ということを国は認めたがらなかったが、司法が断定し、国はそれに異議を唱えなかった（控訴しなかった）のである。アイヌ民族にとって大きな意義を持つ判決といえる。

『アイヌの学校』事件の顛末《てんまつ》

国連が、一九九三年を国際先住民年と決めたことにより、新聞にも連日のようにアイヌ民族関連の記事が掲載されるなど、先住民族アイヌへの関心が一挙に高まった。そのような世情を背景に、アイヌを扱った小説は希少なことから、忘れかけられていた作品が、日の目を見ることになった。

戦前に書かれた『アイヌの学校』が、一九九二年に復刊されたのである。著者は穂別町《ほべつ》（現むかわ町穂別）出身であり、題材は、実際に穂別で起きた出来事が、ベースになっていた。国際先住民年に合わせた企画だけに、『北海道新聞』文化欄などに取り上げられるなど、比較的大きな注目を引いた。歓迎的な書評もあったが、アイヌからは、「きわめて差別的」「怒りに心が震えた」などと、厳しい批判があった。

北海道ウタリ協会札幌支部（現北海道アイヌ協会加盟団体、札幌アイヌ協会）は、公開質問状を著者、出版社、監修者に送り、回答を迫った。

出版社は、まもなく札幌支部の趣旨を理解し謝罪し、回収絶版を決定したが、監修者は、「文学である」と当初は差別批判に反批判な態度であったが、幾度かの札幌支部との話し合いの結果、

「当事者の思いに至らなかった」ことを反省し、札幌支部の批判を概ね受け入れ謝罪した。著者は、高齢体調不良で、四月には死去している。

内容的なことには今回論究しないが、奥付に重大な問題を含んでいた。奥付には「本作品の表記テキストについて」と題して、「今日の人権意識に照らして、不当・不適切と思われる人種・身分・職業・身体障害・精神障害に関する語句や表現については、時代的背景や作品の価値を考え合わせ、そのままとしました」としながら、書き換えた部分があった。

こうしたことは、差別表現以前のことで、出版社と監修者として、言いわけ、言い逃れできないことであった。また、一部語句などを修正していたということは、その語句が「差別的」である、あるいは「不適切」であるという認識があったからであり、作品に差別的なものがあることを認識しながら、「国際先住民年」に便乗して「商売」が先走ったということであり、許されるものではない。だからこそ、出版社は、躊躇《ちゅうちょ》なく回収絶版を決めたのだろう。

しかし、「回収絶版は行き過ぎである」「言論の自由の侵害」といった意見もまた、少なからずあった。また、回収した後、出版社は裁断処理して破棄したのであるが、その裁断に立ち会った札幌支部は、「カムイノミして、この本をカムイに返してあげたい」として、裁断した本の少しの切れ端を燃やしたことが、「本の一部を燃やした」と新聞報道されると、「焚書《ふんしょ》」だと批判もされた。だが、カムイに返すために、裁断された本のごく一部分を燃やしたに過ぎず、決して「焚書」には当たらない。

さらに、監修者が謝罪した後も、中には、「『アイヌの学校』は文学作品である」と主張続ける著者支持者が少なからずいたのも事実である。マイノリティの反差別のささやかな主張は、このようにマジョリティには届きにくいものであるようだ。

アイヌ文化振興法の制定

日本において人口比〇・二%[*18]程度のアイヌ民族から国会議員を出すのは、通常の方法ではまず不可能である。しかし、北海道の労働運動の最大組織である全北海道労働組合協議会(全道労協)が、「奇策」を編み出した。それは、全道労協として社会党の比例区の推薦候補者をアイヌ民族の代表とする、というものであった。アイヌの団体であるウタリ協会に候補者の推薦を依頼し、アイヌ内部で協議した結果、萱野茂が推薦された。全道労協といえば、社会党の最大支持基盤のひとつであり、アイヌの代表が社会党の比例区名簿に登載されることの影響力は強い。

一九九二年の参議院議員選挙では、日本社会党の比例候補名簿一一位登載で、次点となり落選はしたものの、松本英一議員の死去により、一九九四年七月、萱野茂が参議院議員に繰り上げ当選し、アイヌ民族初の国会議員が誕生した。

萱野夫妻は、国会議員になってからも以前と変わることがなく、地元で普段着のお二人の姿は、近所のおじちゃん・おばちゃんそのものであった。役職・地位がどうあろうと、自分を変えない姿勢は、私にとっては驚きであり憧れである。

萱野から聞いた言葉で忘れられないものがある。それは、「たとえ少しずつでも一つのことを継続してやれば、それが二〇年三〇年と続いていくと大きな仕事になる」というようなことであった。それは、萱野がこつこつと収集し、あるいは妻とともに自ら制作した伝統民具が膨大な数となり、そのことによって「二風谷アイヌ文化資料館」（現：萱野茂アイヌ資料館）が開設されることになったことを指している。結果を性急に求めてしまいがちな私には、貴重な教訓となった。

また、村山連立内閣が成立し、かつて旭川市長だった五十嵐広三が、内閣官房長官に就任した。こうしてアイヌ新法を取り巻く政治状況は一変した。一九九五（平成七）年三月、内閣官房長官の私的審議機関として「ウタリ対策のあり方に関する有識者懇談会」が設置され、五月にはウタリ協会が意見陳述をし、翌一九九六（平成八）年四月に「報告書」が出された。

ウタリ協会では同年五月の総会等で、この「報告書」の評価と今後の対応について協議した結果、「当協会が求めてきた要望に応えるものではなかったが、新しい立法措置の必要性を求めていることは高く評価できる」[*19]ので、この報告書の受け入れを決定した。そのうえで、この法については、さらに民族対策となる内容を盛り込んだものとするよう、今後とも国に対し働きかけをしていくこととなった。

一二月、政府は、これまで決まっていなかった「アイヌ新法」の主務省庁を北海道開発庁・総理府・文部省の三省庁共管とした。この「背景には政府として未経験の民族間題に積極的に手を挙げる省庁がなかった事情がある。共管方式は妥協の産物といえる」[*20]。長い間放置され続けた問題が、「妥協」による決着とは心許ない限りであるが、この国の政府らしいところである。

ウタリ協会の「アイヌ新法案」は、既述した征服・被征服、支配・被支配の歴史過程において不当にも剥奪された権利の回復という意味で、自明の権利である先住民族の権利（先住権）をその要望根拠とし、文化面も含めた民族の権利回復と自立化基金などによる経済的自立を目指した、いわば民族基本法というべきものであった。それに対する日本政府の回答は、一九九七（平成九）年五月一四日に公布された、「アイヌ文化振興法」によって示された。

アイヌ文化振興法の評価とアイヌ文化財団の設立

この法の制定は、これまでの単一民族国家論、同化至上主義から見れば、日本においてはじめて民族文化についての法律が制定されたという点で、画期的な変化ということができる。しかし、「ウタリ対策のあり方に関する有識者懇談会」の「報告書」では言及されていた歴史的経緯については、完全に削除され、侵略抑圧・同化政策への反省謝罪がなく、先住民族との断定を避けて、内容が文化のみに限定された、まさに「アイヌ文化振興法」である。もっとも、この法のベースとなった「報告書」自体が、文化偏重であり、先住権に言及しないなど法成立のしやすいことを狙った「妥協の作文」ではあった。

一九九七（平成九）年五月に開催されたウタリ協会の定例総会は、広く関心を呼んだ。それは、総会直前に成立した、アイヌ文化振興法についてのウタリ協会としての「評価」はいかなるものか、ということであった。

法律の評価は、総会議案書の平成九年度事業計画（案）に基本方針として、「一三年にわたり制定を要求し続けてきたアイヌ民族に関する法律（アイヌ新法）が、アイヌ文化の振興並びにアイヌの伝統に関する知識の普及及び啓発に関する法律（案）として、〔中略〕参議院本会議で議決し、衆議院に送られた。法律の成立のため、幾多の苦しい選択をしたが、アイヌを民族と位置づけた国内初の「民族法」であり、その制定意義は極めて大きいものがある」とある。つまり「幾多の苦しい選択」とは、法の成立を最優先するために、内容についてはぎりぎりまで譲歩したということであり、内容に大きな不満は残るが、制定そのものの意義を評価している。

こうして制定されたアイヌ文化振興法の指定法人である財団法人アイヌ文化振興・研究推進機構（アイヌ文化振興財団）が、一九九七年七月一日に発足したが、当初から「新法の目的とかけ離れ、アイヌ民族を蚊帳の外に置いた学者主導・官主導の運営が行われ[*21]」ており、北海道ウタリ協会（笹村二朗理事長）は、「施策を進めるにあたってはアイヌ民族の自主性を尊重する」という法の附帯決議に反しており、財団の理事長と専務理事の退陣を要求した。

これを受けて、財団初の理事会・評議員会が開かれ、「財団の事業運営を副理事長の笹村二朗道ウタリ協会理事長に一任することに決めた」[*22]。ようやく民族主導の運営体制が取られることとなった。

アイヌ・ウタリ協会名称変更問題

一九六一（昭和三六）年に、「アイヌ協会」から「ウタリ協会」に名称変更したのであるが、一九八四（昭和五九）年五月、ウタリ協会総会において、アイヌ民族基本法というべき「アイヌ民族に関する法律（アイヌ新法）案」制定要求を決議し、活発に活動が開始されるようになってくると、名称をアイヌ協会に戻すべきだとの声が、会員から高まってきた。時の理事長野村義一《ぎいち》は、「アイヌ新法ができたら名称変更をしよう」と総会で発言し、大きな拍手で支持された。

一九九七（平成九）年五月、「アイヌ文化振興法」が制定されたのを受け、総会において名称変更が提案された。「誇り高い民族名称を使用するべきだ」という変更賛成意見に対して、「アイヌ文化振興法は、我々が求めてきたアイヌ新法とは、とても呼べるものではない。差別は依然厳しく時期尚早である」と激しい議論となり、賛否相容れず提案取り下げとなり、継続審議となった。

しかし、二〇〇九（平成二一）年五月、総会において、議案書には記載されていなかったが、平成二一年度事業計画（案）の中で、「平成二三年四月一日から社団法人北海道アイヌ協会に名称変更する」との提案説明が口頭であり、名称変更案が議題として追加提案された。アイヌ民族としての誇りを持っているが、持ちたいが、アイヌであることにより生じる不利益（学校で、就職の際に、結婚時になどの日常的な差別）が充満している「差別列島日本」という現状では、誇り高き民族呼称より、柔らかな印象であり、五〇年以上にもわたって使われ慣れ親しんでいる、ウタリ協会を選択せざるを得ない、と依然反対意見を持つ会員も少なからず存在した。しかし、この名称は、曖昧な印象も拭えず、「不明朗な称号」[*23]という側面も残していて、アイヌ民族の伝統的な教え「アイヌ ネノ アン アイヌ（人間らしい人間）」にも使われているように美しく、誇り高い言葉である、誇りある民族名称に戻そうという意見が大半を占め、議決され、約六〇年ぶりにアイヌ協会の名称に戻った。

アイヌ協会の会員の多くは、誇りと現実の狭間で名称変更に躊躇してきたように見えるが、その実、その真因は社会状況に他ならないのであり、アイヌ文化振興法の目的である「アイヌの人々の民族としての誇りが尊重される社会の実現」の意味をあらためて問い直すことは重要である。

野村理事長退任

一九九六（平成八）年四月に「ウタリ対策のあり方に関する有識者懇談会」の「報告書」が出

された翌五月、ウタリ協会の総会が開催された。四年任期の役員改選年でもあった。ウタリ協会の役員（理事、監事）は、総会で選出する。そして総会で選出された理事の互選によって理事長を選出する。

これまで八期三二年間理事長として当然の如《ごと》く選出されてきた野村ではあったが、だからといって今回も自動的に理事長に、ということにはならなかった。このときは、理事長への立候補者が野村以外に一名いて、初めて選挙となった。その結果、笹村二朗（帯広市《おびひろし》）が四代目理事長に選出された。

ウタリ協会創立五〇周年

一九九六（平成八）年にウタリ協会は、創立五〇周年を迎えた。まさに山あり谷ありの五〇年であった。この五〇年のうち、設立直後の数年と休眠時代の十年あまりを除いた大半を、野村は先頭に立ってウタリ協会を引っ張ってきた。そう、ウタリ協会と言えば野村義一であった。

八月のウタリ協会創立五〇周年式典では、個人で唯一、感謝状が野村に贈られた。そのときの受賞者挨拶は、前内閣官房長官五十嵐広三をして、「政治家よりうまい」と言わしめたほどの貫禄のあるものであった。もちろん、アイヌ民族の発展向上を願った内容であった。

コラム

「アイヌ施策推進法」について

「アイヌの人々の誇りが尊重される社会を実現するための施策の推進に関する法律（以下、アイヌ施策推進法）」が二〇一九年五月に施行されて概ね一年経過した。この間に見えてきた成果と課題等について、法そのものも含めて考えてみたい。

北海道アイヌ協会（当時北海道ウタリ協会）が、アイヌ民族に対する差別の絶滅、教育・文化の振興、自立化基金の設置などを六つの柱とする、民族基本法ともいうべき「アイヌ民族に関する法律案（アイヌ新法案）」制定要求を掲げて活動を開始したのが、一九八四年のこと。それから、一三年後に制定されたのが、「アイヌ文化の振興等並びにアイヌの伝統等に関する知識の普及及び啓発に関する法律（アイヌ文化振興法）」であった。アイヌ新法案から「アイヌ文化の振興」のみが取り上げられただけで、アイヌからは「これではアイヌ新法と呼べない」との声が多数上がった。

二〇〇七年国連総会で「先住民族の権利に関する国連宣言」が、日本政府も賛成し、採択された。二〇〇八年には、衆参両院で「アイヌ民族を先住民族とすることを求める決議」が、満場一致で可決。これを受け、内閣官房長官のもとに「アイヌ政策に関する有識者懇談会」が設置され、二〇〇九年にその報告書が出された。その報告書を受け政府は、「アイヌ政策推進会議」を設置し、政府として進めるべきアイヌ施策について検討を重ねた。その結果、二〇一四年、「民族共生象徴空間」の整備などに関する基本方針を閣議決定し、二〇二〇年にアイヌ文化復興等のナショナルセンターとして、国立公園・国立アイヌ民族博物館などからなる「民族共生象徴空間」(略称「ウポポイ」)がオープンする。

「先住民族の権利保障は国際的な流れでもある。二〇〇七年に国連総会が採択した『先住民族の権利に関する国連宣言』は、先住民族が収奪された土地の原状回復や補償(土地権)、独自の教育制度の確立(教育権)、自立権などが盛り込まれており、日本政府は賛成票を投じた」(『北海道新聞』二〇一九年二月一六日)。推進会議の中でアイヌ側の委員は、生活・教育支援などを含む新しい法律制定を強く(かつ、「先住民族の権利」から見ればごくささやかな)要求をしてきた。それを受け、会議の座長である内閣官房長官は、二〇一六年三月二八日に行われた記者会見で、「生活向上対策や幼児期の教育問題など貧困問題を含めて幅広くアイヌ政策に取り組むこと、ここが必要だと思っています。そういう中で法的措置の必要性についても総合的に検討していきたいと思います」と、当初、アイヌ側の意向に沿った法律制定に意欲を示していたかのようにも見えたが、今回の法律には盛り込まれたのであろうか。また、先住民族の権利に関する国連宣言に賛成票を投じた日本が新しく作ったこの法律は、権利宣言の趣旨が生かされた内容になっているのであろうか。

法律条文を見てみると、先住民族と明記している。その先住民族アイヌが、「民族として誇りを持って生活することができ、その誇りが尊重される社会の実現を目指す」ことを目的に掲げている。基本理念として、アイヌであることを理由に差別することと、その他の権利を侵害する行為をしてはならない、とし、アイヌ施策の推進は、アイヌが全国各地で生活していることから、全国的な視野で行わなければならない、と規定している。

法律上で先住民族と、アイヌへの差別行為禁止とが明記されることは、初めてのことであり、一歩前進ではある。高橋はるみ北海道知事（当時、現参議院議員）は、「長いアイヌ政策の歴史の中で大きな一歩」（前掲『北海道新聞』）と評価している。「長いアイヌ施策の歴史」について、上村英明恵泉女学園大学教授は、アイヌ施策は一八六八年から始まっていることを示したうえで、「しかし、一五〇年たった今日も、アイヌ政策がなお必要とされているのは、考えてみれば不思議である。新たな政策が必要な『理由』を日本政府は責任をもって国民に説明してくれているだろうか。むしろこの間、格差や差別が一向に解消せず、アイヌ民族の個々人が言葉にできないものも含めて、不満や不信を持って生きていることこそが、問題であり、立法の出発点ではないのか」（『北海道新聞』二〇一九年一月一七日）と論じている。

格差や差別が解消されていないが故に、アイヌは、生活・教育支援の必要性を強く求めてきた。しかし、「アイヌ民族だけが対象の支援対策を講じると憲法一四条の法の下の平等に抵触するとの理由から」（『北海道新聞』二〇一九年二月一六日「社説」）と、今回の法律案には、生活・教育支援は盛り込まれなかったという。だが、「事柄の性質に即応した合理的な理由に基づくものであれば、国民の一部について、異なる扱いをすることも、日本国憲法上許されるものと解している」（質問主意書に対する内閣答弁書一九八九年）。であれば憲法一四条に抵触しないことになり、生活・教育支援策を盛り込めない理由は成り立たなくなると思うのだが、いかがだろうか。

その代わりなのだろうか、市町村が作成したアイヌ文化振興や観光等の産業振興に関するアイヌ施策推進地域事業に対する交付金を適用するとしている。この交付金に対し、「アイヌ政策推進会議」委員でもある常本照樹北海道大学アイヌ・先住民研究センター長は、「アイヌ民族の地位を改善するために地域全体を豊かにするという交付金制度は現実的なアプローチだろう」（『北海道新聞』二〇一九年二月一六日）、と評価している。

しかし、交付金制度が具体化してみると、「内閣府は三〇日、アイヌ政策推進交付金を道内一二市町と道外一市の計一三市町に初めて交付することを決めた。総額約六億五八八一万円のうち、産業・観光振興につながる事業への交付が全体の七割の約四億七千万円を占めた。イベントや主要施設での情報発信、商品ブランド化などに集中しており、アイヌ文化の保存・継承に資する事業は約二千万円にとどまった」（『北海道新聞』二〇一九年一〇月一日）と、我々の希望を肩すかしする内容であった。アイヌからは、「一部事業には『暮らしが良くなるとは思えない』」、『国や市の事業のＰＲにアイヌ文化が利用されるだけ』と懐疑的な見方」（前掲）がされている。

法には、国有林の林産物採取の規制緩和・サケ捕獲に関する配慮などの「特例措置」をあげている。一歩前進と捉えることもできるかもしれないが、アイヌが求めているのは、手続きを簡便にするということではなく、「アイヌ民族固有の権利をその個々人に保障するのだという認識」（上村英明、前掲）であり、それからは乖離している。

初めて差別禁止を謳ってはいる法ではあるが、具体的な規定はなく、これでは差別被害の救済はできない。人種差別撤廃委員会は、二〇一〇年総括所見で、「法的救済を求めることを可能」にする法を日本に求めている。

麻生副総理・財務大臣は、二〇二〇年一月一三日、日本は「一つの民族」発言をし、批判を受け、すぐに、「誤解があったとすれば」と陳謝しているポーズはしたが、「誤解」の余地などなく、「誤解」しているのは発言者自身であり、聞いた側ではない。「アイヌ施策推進法に矛盾することは言うまでもない」、そして「独自の文化や言語を否定され、差別・抑圧を受けた人々が先住民族との認識を欠」(『北海道新聞』二〇二〇年一月一五日)いており、自らが定めた法律に反する発言である。先住民族と差別禁止を明記した法が、正に「絵に描いた餅」だったことを自ら証明してしまい、「法的救済を求めることを可能」にする法の必要性を改めて認識させてくれた。

テッサ・モーリス・スズキ(オーストラリア国立大名誉教授)が、法に「管理」という言葉が二五回も登場することを指摘し、「アイヌを管理しようという法律」と非難した(『北海道新聞』二〇一九年三月一二日夕刊)と、あるように、ウポポイ関係者からも、アイヌ文化の振興も国の管理下に置かれるのでは、と危惧する声が聞かれる。

法第二条に「この法律において『アイヌ施策』とは、(中略)アイヌ文化の振興等に資する環境の整備に関する施策をいう」とあり、この法の成立に伴い、アイヌ文化振興法を廃止する(附則第二条)としていることから、まさに「アイヌ文化振興法改訂版」であり、アイヌ民族が望んだものと相当乖離していると言わざるを得ない。

※本稿は、『ヒューマンライツ』二〇一九年五月号に掲載された文章に加筆修正したものである。

国際会議等

アイヌ協会HP（http://www.ainu-assn.or.jp/）の年表等を参照し、同協会の国際活動及び国連などの動きについて以下にまとめた。

一九八七（昭和六二）年、アイヌ民族代表が初めてスイス・ジュネーブでの第五回国連先住民作業部会に参加し、アイヌ民族問題について発言した。アイヌ民族代表は、これ以降、国連関連会議にほぼ継続参加している。

一九九〇（平成二）年、国連総会は一九九三（平成五）年を「世界の先住民のための国際年」（略称「国際先住民年」）とすることを採択した。

一九九一（平成三）年、国連先住民作業部会エリカ・イレーヌ・ダエス議長一行は来日し、アイヌ民族の地位を視察し、シンポジウムが東京と札幌で開催された。

一九九二（平成四）年一二月、ニューヨーク国連本部総会会議場で行われた国際先住民年の開幕式典に世界の先住民族から一八人、二団体が招待され、北海道ウタリ協会理事長野村義一（当時）がアイヌ民族を代表して記念式典に参加し、演説を行った。この演説で明治以降の同化政策などの歴史に言及したあと、次のように述べた。[*24]

私たちアイヌ民族は、一九八八年以来民族の尊厳と民族の権利を最低保障する法律の制定を政府に求めていますが、私たちの権利を先住民族の権利と考えてこなかった日本では、極めて不幸なことに、私たちのこうした要求についてさえ政府は積極的に検討しようとしないのです。しかし、私が今日ここにきたのは、過去のことを長々と言い募るためではありません。アイヌ民族は、先住民族の国際年の精神にのっとり、日本の政府および加盟各国に対し、先住民族との間に「新しいパートナーシップ」を結ぶよう求めます。私たちは、現存する不法な状態を、我々先住民族の伝統社会のもっとも大切な価値である協力と話し合いによって解決することを求めたいと思います。私たちは、これからの日本における強力なパートナーとして、日本政府を私たちとの話し合いのテーブルにお招きしたいのです。(中略)

日本のような同化主義の強い産業社会に暮らす先住民族として、アイヌ民族は、さまざまな民族根絶政策(エスノイド)に対して、国連が先住民族の権利を保障する国際基準を早急に設定するよう要請いたします。(中略)

アイヌ民族は、今日国連で論議されているあらゆる先住民族の権利を、話し合いを通じて日本政府に要求するつもりでおります。これには「民族自決権」の要求が含まれています。しかしながら、私たち先住民族がおこなおうとする「民族自決権」の要求は、国家が懸念する「国民的統一」と「領土の保全」を脅かすものでは決してありません。私たちの要求する高度な自治は、私たちの伝統社会が培ってきた「自然との共存および話し合いによる平和」を基本原則とするものであります。これは、既存の国家と同じものを作ってこれに対決しようとするものではなく、私たち独自の価値によって、民族の尊厳に満ちた社会を維持・発展させ、諸民族共存を実現しようとするものであります。

アイヌ語で大地のことを「ウレシパモシリ」とよぶことがあります。これは、「万物が互いに互いを育てあう大地」という意味です。冷戦が終わり、新しい国際秩序が模索されている時代に、先住民族と非先住民族の間の「新しいパートナーシップ」は、時代の要請に応え、国際社会に大いに貢献することでしょう。この人類の希望に満ちた未来をより一層豊かにすることこそ私たち先住民族の願いであることを申し上げて、私の演説を終わりたいと思います。

イヤイライケレ。ありがとうございました。

この演説は、「国連加盟諸国とその先住民族に対して、日本に先住民族としてのアイヌ民族が存在していることを訴えるとともに、現在アイヌ民族が直面している諸問題とその解決方法を国際的視座から提示したもので、アイヌ民族の歴史にとってまさに画期的なでき事であったと言っ

葛野エカシと握手するリゴベルタ氏　撮影：竹内あけみ氏

て良いであろう」[25]と日本国内はもちろん、世界的に先住民族アイヌの存在をアピールした。台湾の原住民族出身の王雅萍台湾政治大学教授は、「わたしたちも勇気づけられた」と語っている。

一九九三（平成五）年、グァテマラ先住民リゴベルタ・メンチュウ・トゥム（一九九二年ノーベル平和賞受賞者、国際先住民年国連親善大使）を、ウタリ協会は多くの市民団体等と共同で、日本に招聘《しょうへい》し、北海道にも招き、野村理事長、萱野茂（翌年参議院議員）、葛野辰次郎《くずのたつじろう》エカシ[26]（翁）等と交流するなど、国際先住民年を記念してさまざまな催物が日本国中で開催され、アイヌ民族の理解促進が図られる契機となった。

さらに、国連は、一九九四（平成六）年一二月一〇日から「世界の先住民の国際一〇年」の開始を決議し、「国際先住民の一〇年」の間、毎年八月九日を「国際先住民の日」として祝うことを決議した。

二〇〇一（平成一三）年、国連条約監視機関「人種差別の撤廃に関する委員会」が、日本政府の人種差別撤廃条約第一回・第二回定期報告書の審査を実施。ウタリ協会代表が出席しロビー活動を行った。

二〇〇二（平成一四）年、ウタリ協会は、国連人権委員会先住民族の人権に関する特別報告官ロドルフォ・スタベーンハーゲンを北海道に招聘、アイヌ民族に関する人権状況の視察、情報提供を行った。

二〇〇三（平成一五）年、右記、特別報告官国連人権委員会にアイヌ民族の言及を含んだ報告書を提出した。

二〇〇四（平成一六）年、国連総会は、二〇〇五（平成一七）年一月一日からの第二次「世界の先住民の国際一〇年」を採択。

二〇〇五（平成一七）年、特別報告官ドゥ・ドゥ・ディエンが現地視察のため来道、ウタリ協会幹部と面談、平取・白老視察。アイヌ民族に対する政治的・法的方策及び文化的・倫理的方策についての情報提供を行う。国連文書にアイヌ民族に関する調査結果を掲載した。

二〇〇七（平成一九）年、国連総会において「先住民族の権利に関する国際連合宣言」採択。日本政府は賛成票を投じた。賛成一四四、反対四、棄権一一、欠席三三。なお、米国など反対票を投じた国は、後に賛成に転じ、現在、反対国はない。

二〇〇九（平成二一）年九月、「ユネスコ世界無形文化遺産」リストに、国重要無形民俗文化財の「アイヌ古式舞踊」が、北海道では唯一登録された。

二〇一〇（平成二二）年二月、アイヌ協会は、第七六会期人種差別撤廃委員会へ人権情報を提出した。

二〇一二（平成二四）年六月、アイヌ協会は、「国連持続可能な開発会議（リオ＋二〇）」事務局の成果文書案への導入意見募集に際し、「リオ＋二〇国内準備委員会（共同議長：小宮山宏（三菱総研理事長））」の取りまとめに参画し、先住民族アイヌの立場から意見を提出した。

二〇一三（平成二五）年一月、国連人種差別撤廃条約第七回・第八回・第九回日本政府報告が提出された。同年五月、国連日本代表部久島公使の声明「先住民問題に関する常設フォーラム（議題七）先住民族の権利に関する国際連合宣言」を、ニューヨーク国連本部で発表した。同一〇月、第六八回国連総会第三委員会／議題六六「先住民族の権利」に関する日本政府鷲見代表代理の声明を発表した。

国・道などの動き

次に、アイヌ文化振興法制定以降の国・道などの動きを、先に同じくアイヌ協会年表などを参照し、以下にまとめた。

一九九九（平成一一）年、北海道は、国のイオル構想の最新提案として「伝統的生活空間の再生に関する基本構想」をまとめた。法務省の「第二回人権擁護推進審議会」がアイヌ民族の人権状況に関する意見聴取した。国は「アイヌ文化振興等施策推進会議」を設置、伝統的生活空間（イオル）の再生を含めた検討を始め、並行して道は「アイヌ文化振興等施策推進北海道会議」を設置した。

二〇〇二（平成一四）年、北海道は、「伝統的生活空間（イオル）再生構想*27の具体化に向けて」を策定した。六月、国は、「アイヌ文化振興等施策推進会議」を開催した。

二〇〇三（平成一五）年、参議院憲法調査会においてウタリ協会代表が「法制度の強化とアイヌの人権状況の改善」について意見陳述した。

二〇〇五（平成一七）年、日本文化人類学会研究大会に特別シンポジウム他にウタリ協会代表が出席し、発表・提言を行った。

二〇〇六（平成一八）年、ウタリ協会から日本人類学会会長に対し、アイヌ民族の古人骨等の「遺骨収集の実態・研究実績・これまでとこれからの保管、慰霊他」調査について文書照会したところ、照会の件について真摯に取り組み、解決できるよう努力すること。アイヌ民族の遺骨等を管理している各研究機関に対し、説明と協力依頼をし調査取りまとめを行う旨の回答を得た。

同年、国はアイヌの伝統的生活空間（イオル）の再生事業を白老地域において先行実施。

二〇〇七（平成一九）年、国連総会において「先住民族の権利に関する国際連合宣言」採択（再掲）。

二〇〇八（平成二〇）年、国はアイヌの伝統的生活空間（イオル）の再生事業の白老地域に平取地域を加え、当面、二〇一〇（平成二二）年までの先行実施とした。

同年三月、超党派の国会議員連盟「アイヌ民族の権利確立を考える議員の会」（代表今津寛衆議院議員）が設立された。

同年六月、衆参両院において「アイヌ民族を先住民族とすることを求める決議」が全会一致で採択される。七月、内閣官房に「アイヌ政策推進室」が設置される（二〇〇九年八月廃止）。八月、内閣官房長官によって、総合的な施策の確立に取り組むため「アイヌ政策のあり方に関する有識者懇談会」が設置される。

二〇〇九（平成二一）年七月、「アイヌ政策のあり方に関する有識者懇談会」報告書を内閣官房長官に提出。八月、内閣官房に「アイヌ総合政策室」が設置される。一二月、政府は「アイヌ政策のあり方に関する有識者懇談会」の報告書を受け、「アイヌ政策推進会議」を設置。

二〇一〇（平成二二）年三月、アイヌ政策推進会議の下に「民族共生の象徴となる空間」、「北海道外アイヌの生活実態調査」両作業部会を開催。一〇月、超党派の国会議員連盟「アイヌ民族の権利確立を考える議員の会」（会長鳩山由紀夫衆議院議員）が再編される。一一月、内閣官房アイヌ総合政策室「北海道分室」が開設される。

二〇一一（平成二三）年六月、「アイヌ政策推進会議」において、両作業部会の取りまとめを報告。八月、アイヌ政策推進会議の下に「政策推進作業部会」を開催。一二月、釧路市阿寒町に阿寒湖アイヌシアター「イコロ」プレオープン（翌年四月、グランドオープン）。

二〇一二（平成二四）年七月、「民族共生の象徴となる空間」基本構想をアイヌ政策関係省庁連絡会議（議長佐々木内閣官房副長官補）において決定。一二月、北海道議会の超党派議連「アイヌ政策推進北海道議員連盟（会長神戸典臣）」が設置される。

二〇一三（平成二五）年一月、国連人種差別撤廃条約第七回・第八回・第九回日本政府報告が提出された。二月、超党派国会議員連盟「アイヌ政策を推進する議員の会（代表世話人今津寛衆議院議員）」が再編成される。三月、「伝統的工芸品産業の振興に関する法律（経産省）」の伝統的工芸品に「二風谷イタ[*28]」と「二風谷アットゥシ[*29]」が指定された。八月、イランカラㇷ゚テキャンペーンキックオフセレモニー（新千歳空港国内線ターミナル二階センタープラザ）が行われ、二〇一三（平成二五）年～二〇一五（平成二七）年の三年間を重点期間とし、民間企業や行政機関、学術機関等の連携により「イランカラㇷ゚テ（こんにちは）」を、「北海道のおもてなし」のキーワードとして普及させるキャンペーンをスタートした。九月、「第五回アイヌ政策推進会議」北海道（道庁赤レンガ庁舎）にて初会合。会議終了後、二〇二〇年東京五輪までに「民族共生の象徴空間」構想実現と談話。同日、菅内閣官房長官主催の車座トーク（於白老町）を開催し、アイヌの若者などが官房長官を囲んで懇談した。

アイヌ文化継承活動

アイヌ伝統文化継承活動等が近年とみに活発化し、その影響を受け民族の誇り・尊厳を取り戻す者が増えつつあり、厳しい差別が厳然と存在する現状に打ち勝つ力をつけた若者が、育ちつつあるなど新しい動きも見える。

かつては秋になるとアイヌモシㇼ（大地）の多くの川に、たくさんの鮭が上がってきた。幾重にも重なるように母なる川に帰ってきた鮭は、「上のは天日で背ビレが焦げ、下になった鮭は川底で腹がこすれ」と表現される程の数だったという。アイヌにとっても野山の動物たちにとっても、鮭は秋から冬にかけての大切な「神からの贈り物」であった。

鮭は、アイヌ語でシエペ（真の食物）ともカムイチェㇷ゚（神の魚）とも呼ばれ、アイヌの最も主要な食料の一つであったのだが、明治以降、日本政府による一方的な鮭漁の禁止という政策により、アイヌが自由に獲ることはできなくなり、そのため、かつては秋になると、川筋のコタン毎で行われていた鮭の豊漁を願う民族の伝統行事は、前提となる鮭が獲れないことから、途絶えざるを得なくなり、儀式の存在そのものが忘れさられてきた。

このように「明治維新」以降途絶えざるを得なかった、アイヌ民族伝統行事アシㇼチェㇷ゚ノミ（新しい鮭を迎える儀式）について、長老から伝え聞いた結城庄司などが中心になり、多くのアイヌの参加による一年がかりの準備を経て、約一〇〇年ぶり、一九八二年九月一五日にアシㇼチェプノミが復活した。

そして、一九八三年、アシリチェプノミの発展などの文化の復権を目的として「札幌アイヌ文化協会」が結城庄司等が中心になり設立された。

札幌アイヌ文化協会の設立は、民族文化という「武器」を最大限に活かす組織を作るという彼の戦略でもあった。それは彼の言葉を借りるならば「コンクリートジャングルのここ札幌で、アイヌ民族の伝統行事を行ない、滅びることを拒否し続けているアイヌが多数参加すること自体が、声高に叫ばなくとも、鈍い刃物となる」ということである。これは一九八七年、鮭の持別採捕許可となって一粒の実を結んだ。明治政府によって一方的に禁漁とされてから、実に一〇〇年ぶりのアイヌ民族としての鮭漁であった。

札幌で始まったこの伝統儀式の復活は、登別、旭川、千歳《ちとせ》などに広がっていった。

一九八四（昭和五九）年一月二一日、アイヌ民族伝統の歌舞等を組織的に伝承している八保存会及び、北海道アイヌ古式連合保存会が保持する「アイヌ古式舞踊」が文部省告示第一二号により「重要無形民俗文化財」に指定された。そして、一九九四（平成六）年一二月二一日、九保存会が保持する「アイヌ古式舞踊」が文部省告示第一四八号で追加指定された。北海道においてこの指定を受けているのは、唯一である。

さらに、二〇〇九（平成二一）年九月にユネスコ無形文化遺産代表リストに記載された。まさに、国や世界が認める貴重な文化遺産と言うことができるであろう。

第一次指定

旭川チカップニアイヌ民俗文化保存会

白老民族芸能保存会

平取アイヌ文化保存会

静内民族文化保存会

浦河ウタリ文化保存会

帯広カムイトウウポポ保存会

春採《はるとり》アイヌ古式舞踊釧路リムセ保存会

阿寒アイヌ民族文化保存会

第二次指定

札幌ウポポ保存会

千歳アイヌ文化伝承保存会

鵡川《むかわ》アイヌ文化伝承保存会

門別ウタリ文化保存会

新冠民族文化保存会
三石民族文化保存会
様似《さまに》民族文化保存会
弟子屈《てしかが》町屈斜路古丹《くっしゃろこたん》アイヌ文化保存会
白糠《しらぬか》アイヌ文化保存会

一九七〇年代ころまで、アイヌ文化継承活動の取り組みは、差別的状況もあって、あまり活発なものではなかった。しかし、こうした状況下にもかかわらず、諸先輩が、「祖先から受け継いだ大切な民族文化を絶やしてはいけない」という思いから始まった献身的な取り組みや、アイヌ協会等の組織的な取り組みなどによって、かろうじて文化継承の糸は切れずに残り、今、少しずつではあるが復興の兆しが見えている。その結果、アイヌ文様刺しゅうなどをはじめとして、伝統工芸制作の後継者も育ってきている。

次に、母語であるアイヌ語を絶やしてはならない、という取り組みの結果、一九八七（昭和六二）年に二カ所で始まったアイヌ語教室は、北海道アイヌ協会の一四支部（最大時）で二〇一三（平成二五）年度まで設置運営されてきたが、現在は、アイヌ文化財団により「アイヌ語入門講座」として事業が引き継がれている。なお、同財団では、アイヌ語ラジオ講座（放送は北海道内のみだが、インターネットによりどこでも視聴できる）なども開設され、アイヌ語学習は年々盛んになってきている。しかし、アイヌ語を使える場面が日常において、ほとんどないなどのために、残念ながら、「母語を取り戻す」までの段階には至っていない。

一九八八（昭和六三）年三月一三日〜一五日に第一回アイヌ民族文化祭が開催され、以降毎年度一回を道内各地を巡回開催し、二〇一五（平成二七）年度で二八回を数えている。文化祭の開催目的は、

国連が定めた第二次「国際先住民の一〇年」を記念するとともに、日本の先住民族であるアイヌ民族の文化を、アイヌ民族文化祭を通して広く一般の方々に紹介し、理解を深めていただくとともに、「先住民族の国連権利宣言」に対する理解が深まることを願い、アイヌ文化の伝承・発展を図ることを目的とする。

というものであるが、一九八四年にアイヌ古式舞踊が国の重要無形民俗文化財に指定されたにもかかわらず、古式舞踊の継承に取り組んでいる指定を受けた保存会の発表の場がなかったことから、アイヌ古式舞踊を継承する保存団体の日頃の研さんの成果の発表の場を設ける意味もあった。そして、互いに切磋琢磨《せっさたくま》し、アイヌ文化の伝承・発展を図ることを目指しての開催であった。

第一回の熱い様子を機関誌『先駆者の集い』[*30]が伝えているので引用する。

文化伝承活動を個人、家庭から支部活動へとつなげ大きなうねりをつくろう

〝アイヌ民族文化祭〟は、芸能関係として古式舞踊・ユーカラ公演・アイヌ語寸劇、さらに札幌のアイヌ被服研究会と各支部のボランティアによって行われた民族衣装のファッションショー、展示関係としてアイヌ民族文化等に関するパネル展示・アイヌ関係図書展示・販売・代表的な生活民具等の展示・アイヌ民芸品の秀作品展示・ビデオ映写、また、講演関係としては、アイヌ語によるミニ弁論・協会役員等による特別講演と盛り沢山のメニューで催されました。

芸能、講演関係の発表が行われたホールには、三日間でおよそ一千五百五十人の入場者、展示会場には、三千人の入場者が訪れました。

初めての催しで、事前練習等の準備不足などが舞台に出るところもありましたが、とにもかくにも参加者の熱気ムンムン協会事業の報道としてはあまり例のない全国ネットでの放送がなされていました。

今後の文化祭に対する会員内の期待は、ただならぬものがありました。また、このような催しの意義の一つとして、協会から一般社会に向けて情報を発信する大切さというものを感じて帰った人が多かったものと思います。さらに良い文化祭とするため、会員全員で練りあげ、造

りあげ、参加していくべきと感じました。

と、たまりにたまったエネルギーが一気にほとばしった様子がうかがわれる。

北海道教育委員会の助成と関係市町村の協力を得てのスタートであったが、二〇一三（平成二五）年度から、北海道教育委員会の助成事業から外れ、アイヌ文化財団の助成を新たに活用し、関係市町村からは、従前通りの協力を得て、構成を変え再スタートした。

文化祭は、前述の目的達成に大きな成果を上げたほかに、アイヌ協会会員・関係者等の親睦交流にも大きく寄与していることから、「アイヌ文化の社交場」と言えまいか。また、文化祭に触発されて、古式舞踊を初めとするアイヌ文化継承活動に取り組み始めた会員も少なくないであろう。

アイヌ民族の現状

アイヌの生活実態などの公的な調査は、これまでに北海道が、対アイヌ施策を実施するに当たり、一九七二年を最初に概ね七年ごとにこれまで九回実施した「アイヌ生活実態調査」（第五回までは「ウタリ生活実態調査」）及び、東京都により一九七五年、一九八九年と二度「東京在住ウタリ実態調査」とが行われている。二〇〇八年には、北海道大学アイヌ・先住民研究センターが、これまでにない規模の調査を実施されている。さらに、国により「北海道外アイヌの生活実態調査」が、二〇一〇年度に行われている。

ここでは、次の三つの調査をもとにアイヌの生活実態について、考えてみる。

（一）「北海道外アイヌの生活実態調査」作業部会報告書（二〇一〇年）（以下、道外調査）

内閣官房長官が設置したアイヌ政策推進会議の「北海道外アイヌの生活実態調査」作業部会により、「アイヌの人々が居住地に左右されず、自律的に生を営み、文化振興や伝承等を担えるよう、全国的見地から必要な政策を検討するために、生活基盤を北海道外に移したアイヌの人々の生活等の実態を調査」したもの。二〇一〇（平成二二）年度実施。

北海道アイヌ協会が委託を受けて電話調査を行った。アイヌのことを隠して生活している人もいるので、電話で本人以外が出た場合、いきなりアイヌ協会とは言えないなど、調査は困難であった。

（二）「平成二五年度北海道アイヌ生活実態調査」（以下、道調査）

北海道環境生活部が二〇一三（平成二五）年一〇月に「本道におけるアイヌの人たちの生活実態を把握し、今後の総合的な施策のあり方を検討するために必要な基礎資料を得ることを目的として」北海道内アイヌを対象に実施したもの。

（三）「二〇〇八年北海道アイヌ民族生活実態調査」（以下、北大調査）
「北海道ウタリ協会（現：北海道アイヌ協会）会員、道内在住の元協会員、アイヌ民族であることが明確な道内在住の非協会員が属するすべての世帯と一八才以上八五才未満の世帯構成員全員」を対象に、北海道大学アイヌ・先住民研究センターが、二〇〇八（平成二〇）年度に実施したもの。

世帯の合計収入は、どの調査でも二〇〇万円以上三〇〇万円未満と、一〇〇万円以上二〇〇万円未満が多い。もしも病気になったら立ちゆかないような状況だと考えられる。個人の年収も同様に、一〇〇万円未満、二〇〇万円未満当たりがそれぞれ約二割を占めており多数であった。

生活保護の受給状況は高く、「受けている」「以前受けていたことがある」の回答を合計すると、どの調査でも一〇％程度である。

現在の職業を見てみると、北大調査では一般事務が六・八％、生産工程にかかわる職業が一九・一％、他の調査でも同様に事務職が少なく、生産工程にかかわる職業が多かった。

勤務先の従業員数を見てみると、北大調査では一〇〜二九人の勤務先が二六・七％で最も多く、道外調査では、三〇〜九九人が一七・四％と最も多かった。このように中小零細企業に勤務することが多い。道外調査では一〇〇〇人以上の勤務先の割合が一三・八％と多いが、就業形態の回答から、大きな会社に勤務している場合でも正規雇用の割合が少なく、派遣社員、パート、アルバイト等の非正規雇用の比率が高く、年収等の格差を生み出す大きな要因の一つとなっていると思われる。

年金への加入状況を見てみると、加入又は受給していない人が道外調査一八・六％、北大調査では八・二％とともに多く、無年金者の多いことがわかる。健康保険への加入状況も道外調査で九一・四％、道調査九四・五％、北大調査八三・六％であり、未加入者の存在が確認される。

ここまで見ると、世帯、個人の年収、生活保護の受給状況等からは、全国的な平均から考えると明らかに格差が見られる。

教育状況（これまで通った学校）の回答では、義務教育以降が低い結果で、道外調査では、高等学校が六九・四％で、大学が一二・一％であった。北大調査では高等学校が五八・五％、大学四・七％であった。若年層（二九才以下）の割合を見てみると、道外調査では高等学校が八七・九％、北大調査では九五・二％（全国は九七・三％）、大学に通った割合は、道外調査は三一・一％、北大調査は二〇・二％（全国は四四・一％）と、全国と比べて顕著な差がある（全国調査は文部科学省の「学校基本調査」より）。

北海道では都市圏居住者は自宅から通える学校があるが、それ以外では、入学金、授業料に下宿代までかかるため進学が難しい場合も多い。

その結果、貧困によって低学力になり、低収入になるという貧困の連鎖が起こりやすくなる。また、北大の調査結果を年収、学歴で再分析すると、年配の世代は学歴が高くなると年収が上がるが、三〇歳前後の若年層になると、大学を出ていても低収入のままの人が多い、という結果が出ている。学歴が高くても負の連鎖から抜け切れていないアイヌの仲間がいるという状況も考えていかなければならない。

学校の卒業、中退、在学中の調査では、中退率が高いことが見て取れる。高等学校での中退は、道外調査は一一・二%、北大調査は一二・九%である。中退した理由は、道外調査では、経済的な理由が四〇・七%、家庭の事情が三七・〇%と多く、八割近くが、何らかの家庭の事情で中退しているのがわかる。経済的な理由による中退の比率は、全国調査の約一四倍である。

さらに上級の学校に進学したかったという回答は、道外調査で四六・三%、北大調査では三二・三%であったが、進学を断念した理由として、どちらも七割以上（道外調査七三・九%、北大調査七六・一%）が経済的な理由をあげている。

また、一八才未満の子を持つ人の子どもの進学希望は、「大学まで行かせたい」と答える割合が最多で、道外調査が四八・〇%、北大調査で四二・一%であった。しかし進学させる際の懸念事項としてやはり経済的な理由を筆頭に回答している。また、奨学金制度は知っていたが、内容がわかりにくいと思っていて、奨学金申請がなかなか浸透していない。

配偶者にアイヌであることを言っているかの問いに対して、「いいえ」の答えは、一九・一％（道外調査）であった。この結果は、「調査に協力した人たち」であることに留意する必要がある。また、自分の子どもにも言っていない人は、三四・八％（道外調査）であった。

北海道を出た理由については、「北海道では人間関係がわずらわしかった」が一〇・一％、「アイヌに対する差別から逃れられると思った」が一一・四％（どちらも道外調査）であった。また北海道外で生活する中で差別を受けたことがあると回答した人は、二〇・五％であった。ただし、この結果については、「差別を受けたことがない」という人については、道外調査においても、「周りの人が、自分がアイヌであることを知らない」と回答した人が少なくないこと、一般的に道外においてアイヌのことがあまり知られてないと思われることを考慮する必要がある。

現在困っていることは、「所得が少ない」が四五・二％（道外調査）、四五・六％（北大調査）、「自分や家族の健康」が二九・〇％（道外調査）、五六・九％（北大調査）であった。「アイヌに対する差別」の回答は五・二％（道外調査）、二・四％（北大調査）であった。道調査で「物心がついたときから今までに何らかの差別を受けたことがあるか」の問いに対しては、「差別を受けたことがある」は二三・四％で、「自分に対してはないが、他の人が受けたことを知っている」が九・六％で、計三三％ほどが差別を受けたか見たことがあると答えている。

被差別状況は前回よりも悪化しており、依然厳しい状況であるといわざるを得ない。

差別を受けたのがどのような場面かは、本人でも他の人でも「学校」が多く、本人八二・八%、他の人六二・八%であった。また「結婚のことで」では、本人二四・一%、他の人三九・五%であった。

受けた差別への対処については、「気にしない（無視した）」が一四・〇%で最も多く、「何も対処しなかった」が一三・二%、「無回答」が三三・二%であり、回答者のうちの約半数が、泣き寝入り状態ということになる。

これまで見てきたように、これらの調査の設問が、個人に対する差別等に限定されており、集団に対する差別に対しては、一切触れていない。であるから、たとえば、二〇一四年にある札幌市議会議員（当時）が、「アイヌ民族なんて、いまはもういないんですよね。せいぜいアイヌ系日本人が良いところですが、利権を行使しまくっているこの不合理。納税者に説明できません」とツイートしたが、以上の設問では、このツイートに対して、「差別があった」と回答することができない。しかし、この市議は、この発言により所属会派から除名され、市議会では辞職勧告決議がされ、二〇一五年の札幌市議選では、落選したことでわかるように、社会は（少なくとも札幌市民は）、この発言を許すことのできない差別、アイヌ民族へのヘイトスピーチと断じたのである。このことからわかるように「集団への差別」も調査対象にするべきであるし、差別禁止の重要事項でもある。

先住民族アイヌ

では、このような格差や被差別状況などが解消されればそれで良いのか、となると答えは否である。なぜなら、民族が民族として生きる権利が、保障されなければならないからである。民族として生きる権利とは、「政治的な面から歴史的な過程を見るならば、天皇の赤子的な皇民化路線と融和同化政策は表裏一体のものと、みなさなければならない。つまり同化政策とはアイヌ民族を日本民族の枠内に組み込んで、皇民化された国民として民族の自由と独立を剥奪することが大きな目的であるからである」「同時にアイヌモシリ（国土）に対しての侵略という歴史的な罪悪をも合法的に隠蔽してしまい、モシリの既得権の主張をも根本から抹殺してしまう考え方である。既得権とは従来あった領土としてのモシリの様々なアイヌ民族の権利をいうことであり、この諸々の権利は民族として現在に至るも歴史的に放棄したことはない[*31]」のであり、アイヌにはアイヌの生活習慣や宗教があり、自らの哲学にそって生活し、民族の言語、アイヌ語で暮らす権利がある。

民族として生きる権利の一つに、国連の先住民族の権利宣言にあるように、民族自決権（民族のことはその当事者が決める権利）がある。そして、当然アイヌ民族にもあるのだが、現状は寂しい限りである。言い方を変えると、自分たちのことは自分たちで決めるのであって、日本全体で多数者も含めた中の多数決によるわけではない。和人は自分たちの議会の代表は自分たちで選び、その代表者によって国や地方自治体の運営を決めている。つまり自分たちのことは自分たちで決めている。しかし、アイヌ民族は日本の中にいて、アイヌのことを決めるのに大幅な制限がある。北海道議会議員にアイヌは一人もいないし、国会にも現在一人も議員はいない。なお、台湾では、国会などに先住民族（原住民族）の特別議席を法的に認めている。日本政府は台湾政府を手本とするべきであろう。

しかるに、国も（多くの）研究者も真にアイヌを先住民族として考慮しているようには思えない現実がある。たとえば、二〇一九年四月に制定された「アイヌの人々の誇りが尊重される社会を実現するための施策の推進に関する法律（略称・アイヌ文化施策推進法）」の条文には、「アイヌ民族」というアイヌと民族を続けての表記は見当たらない。曰く、「アイヌの人々の民族としての誇り」の如くである。また、先住民族と明記はしていても、「先住権」にはまったく触れていない。

先住権とは、アイヌ政策のあり方に関する有識者懇談会やアイヌ政策推進会議の委員を歴任している常本照樹北海道大学大学院法学研究科教授によれば、「独立の政治体として自律的に生活している民族が、ある日、承諾なくしてほかの民族によって制圧され、本来持っているはずの権利が行使できなくなってしまったことを回復させるのが先住権の主張[*32]」なのであり、「憲法は法の下の平等を規定していますが、しかし、合理的な理由があれば、特定の人々を区別することも許されるということです。これは政府も最高裁判所も共通の理解をしています[33]」ということである。

しかし、二〇〇七年「国連先住民族の権利宣言」がわが国も賛成票を投じ採択され、翌年に国会衆参両院で満場一致の決議がされてから一一年（「アイヌ新法」制定要求からは実に三五年）もの時間が経過しているにもかかわらず、先住権についての具体的な成果どころか（否定的な議論はあるが）議論にもなっていないのは、なぜか。市民外交センター代表の上村英明氏によれば、北大の憲法学研究者が、「一八九九年（明治三二年）施行の北海道旧土人保護法（一九九七年廃止）の立法目的について肯定的な発言をしたことが物議を醸している[34]」との記事でのインタビューに「氏のような認識が幅をきかせているから、アイヌ政策は今でも不十分なままなのだ。差別的な政策の歴史を充分に認識すべきだ[35]」と答えている。

二〇二〇年に国立民族共生公園、国立アイヌ民族博物館等を含むアイヌ文化の復興等に関するナショナルセンターとして「民族共生象徴空間」が、オープンするなどアイヌ施策の議論・具体化が進んではいるが、国連先住民の権利宣言、国会決議等々を具体化できていないわが国の現状は、重大な差別状態にあると思うが、いかがだろうか。

さらに、こうした課題を具体化していく過程で「忘れてならないことは、決定のプロセスには先住権を持つ当事者である民族の充分な参加が保証されなければなりません[36]」なのだが、「保証されている」と言えるだろうか。

道外アイヌ関係団体の活動

北海道外にも主に首都圏を拠点としたアイヌ関係団体が、組織され、それぞれ自主活動に取り組んでいる。また、関西にも活動している団体がある。

観光地・阿寒湖に旅行で訪れた学生が、土産物店でアルバイトし、地元の若いアイヌたちとの交流が始まり、首都圏に戻ってからも交流を続けたいということから、ペウレ・ウタリの会が一九六四年に結成された。

当時の同会は、「先駆的であり、政治的であり、改革的であったと思います。なぜかと言えば、その頃みんなが耳を貸さず、目を向けなかったアイヌの差別、偏見に目を向けていたからです。現状を打開する方向で動いていました。だからたんなるアイヌとシサムの交流の会というだけでなく、社会的な役割を担っていました[*37]」という。

宇梶《うかじ》静江の『朝日新聞』への投稿記事「ウタリよ手をつなごう」（一九七二年二月八日）をきっかけに一九七三年、首都圏に住むアイヌにより初めて組織された東京ウタリ会が結成された。同会は、二つの大きな成果を残している。それは、同会の要望、協力により、一九七五年「東京在住ウタリ生活実態調査報告書」が出されたことと、東京都にアイヌウタリ職業相談員を配置させたことである。

同会を発展的に改組し、関東ウタリ会が一九八〇年に結成された。主な目標として、会員相互の親睦、民族の権利確立と社会的地位の向上、アイヌの歴史文化芸能を学び発展させる、こととし、アイヌが気兼ねなく集まることができる生活館のような集会所建設要望をあげてきた。

団体名	設立	主な活動
関東ウタリ会	1980年	月例会、刺しゅう等、刺繡の展示会、文化と人権の集い
レラの会	1983年	イチャルパ、チセノミ
東京アイヌ協会	1996年	文化活動他
ペウレ・ウタリの会	1964年	月例会の中で、ウポポ、アイヌ語などの学習会も開催　※和人も参加

一九八三年、同会から主に釧路地方出身者が分離する形で、レラの会を結成。一九九四年に全国的なカンパを得て、早稲田に居酒屋「レラチセ」をオープンし、アイヌとシサムの交流を提供した。その後、中野に移転したが、不況の中で売上が減少し赤字経営が続いたため二〇〇九年に閉店した。

一九九六年、東京都在住の仲間により、東京アイヌ協会が結成され、文化活動や、民族の権利確立に向けた取り組みなどを展開した。

公益社団法人北海道アイヌ協会の誕生

日本の公益法人制度は、一八九六（明治二九）年の民法制定以来一〇〇余年にわたり抜本的な見直しが行なわれず、ＮＰＯ法人（特定非営利活動法人）や中間法人などの新しい非営利法人制度が実施され、法体系が複雑になった中で、時代の変化に対応できなくなっていた。また、国会議員の逮捕にまで発展したKSD事件[*38]など一部公益法人の不適切な運営が、国会やマスコミ等で取り上げられ、大きな社会問題となった。

公益法人改革は、こうした中で「行政改革」の一環として取り組まれた課題の一つであり[*39]、一般社団法人及び一般財団法人に関する法律（平成一八年法律第四八号）、一般社団法人及び一般財団法人に関する法律及び公益社団法人及び公益財団法人の認定等に関する法律の施行にともなう関係法律の整備等に関する法律が、平成二〇年一二月一日から施行された。

この法律の施行にともない、北海道アイヌ協会などの特例民法法人（前記法律施行前からある社団法人・財団法人）は、内閣府又は都道府県に、公益社団法人又は公益財団法人への移行の認定若しくは一般社団法人又は一般財団法人への移行の認可を申請し、内閣府又は都道府県から認定又は認可を受け、公益社団法人又は公益財団法人若しくは一般社団法人又は一般財団法人に移行しなければならなくなった。移行手続きをしない場合は、解散扱いとなり組織が消滅してしまうことになる。

一般社団法人と公益社団法人の違いは、公益社団法人とは、一般社団法人のうち、公益事業を主たる目的としている法人で、申請により民間有識者から構成される、委員会等で公益性を認定された社団法人のことで、一般社団法人よりも社会的信頼度が高いと考えられる。これらのことから、アイヌ民族最大の組織である北海道アイヌ協会は、公益社団法人への移行を目指すこととなった。なお、これまでの本部・支部体制であれば、本部・支部の連結決算等が必要であり、そのままの体制継続は事実上不可能であった。それで、これまでの協会各支部は、各地域の任意の団体になり、地域アイヌ協会として、公益社団法人北海道アイヌ協会に団体加盟となった。

二〇一二(平成二四)年一一月、協会内部に設置した「協会組織のあり方等検討委員会」において、移行について検討を開始し、数度の理事会等での協議を経て、二〇一三（平成二五）年五月の定例総会において、公益社団法人への移行を目指し、その変更定款案等が承認され、移行手続き期限間際の一〇月に移行申請書を提出し、道の公益等認定委員会の審議を経て、翌年三月に公益社団法人への移行が認定された。

二〇一三（平成二五）年四月一日付で法務局に登記し、ここに公益社団法人北海道アイヌ協会が誕生した。

アイヌ協会の概要（二〇一九年四月一日現在）
名称：公益社団法人北海道アイヌ協会
設立：一九四六（昭和二一）年三月一三日（法人登記日は三月二六日）
地区協会（旧支部）数：五〇

役員：理事一六名、監事三名
事務局：〒〇六〇－〇〇〇二　札幌市中央区北二条西七丁目　かでる二・七ビル七階
電話：〇一一－二二一－〇四六二　ファックス：〇一一－二二一－〇六七二
事務局員：八名（含む非常勤）
ホームページ：http://www.ainu-assn.or.jp/
メールアドレス：info@ainu-assn.or.jp

国政選挙アイヌ候補者結果まとめ

戦後以降、これまでアイヌが挑戦した国政選挙の選挙結果をまとめてみた（出典：新聞報道、総務省のサイト「選挙関連資料」他）。

第二二回衆議院議員総選挙（一九四六年（昭和二一年）四月一〇日）
戦後第一回目の衆議院議員総選挙。定員一四名に七一人が競った北海道一区に大河原徳右衛門（五四二六票、六一番目）、辺泥和郎《ぺてわろう》（五二九九票、六二番目）が立候補。

第二三回衆議院議員総選挙（一九四七年（昭和二二年）四月二五日）
胆振国豊浦村の佐茂《さも》菊蔵が立候補。六、二九七票で落選。

第一一回参議院議員通常選挙（一九七七年（昭和五二年）七月一〇日執行）全国区成田得平が立候補。

第15回参議院議員選挙（1989年）

当落	候補者名	年齢	所属党派	得票数	得票率	備考
当	竹村泰子	五五	無所属	七〇九，〇一五	二五．四％	
当	萱野久光	六一	日本社会党	七〇九，〇六四	二四．七％	
当	北 修二	六四	自由民主党	四九六，三三六	一七．三％	
当	高崎裕子	四〇	日本共産党	四五三，〇一三	一五．八％	
	工藤万砂美	六四	自由民主党	四一六，四〇八	一四．五％	
	山下恵美子	三〇	緑の党	二三，六三三	〇．八％	
	笘和三	**四二**	**無所属**	**一七，八一八**	**〇．六％**	

五三、六八二票で落選。

第一五回参議院議員通常選挙北海道選挙区（一九八九年（平成元年）七月二三日）

伊達火力発電所建設反対運動などに取り組んでいた伊達市有《う》珠《す》の苫和三が、立候補。

第一六回参議院議員通常選挙（一九九二年（平成四年）七月二六日）

萱野茂が、日本社会党の比例代表の名簿第一一位で搭載されたが、次点で落選。

しかし、松本英一議員の死去により、一九九四年八月繰上当選、アイヌ初の国会議員。

第四〇回衆議院議員総選挙（一九九三年（平成五年）七月一八日執行）北海道五区

秋辺（旧姓成田）得平が、無所属で立候補するも、落選。

第一八回参議院議員通常選挙（一九九八年（平成一〇年）七月一二日執行）北海道選挙区

萱野志朗が、社民党新人として立候補するも落選。

第40回衆議院議員選挙（1993年）

当落	候補者名	年齢	所属党派	得票数	得票率	備考
当	中川昭一	三九	自由民主党	一一〇, 八三二	一七. 八%	
当	北村直人	四六	新生党	一〇七, 二九五	一七. 二%	
当	武部 勤	五二	自由民主党	八七, 九四四	一四. 一%	
当	鈴木宗男	四六	自由民主党	八五, 二〇一	一三. 七%	
当	永井哲男	四三	無所属（革新系）	七一, 四二二	一一. 四%	
	岡田利春	六八	日本社会党	六八, 二三六	一〇. 九%	
	池本柳次	四六	日本社会党	六一, 三二八	九. 八%	
	村口照美	五七	日本共産党	二六, 一三六	四. 二%	
	秋辺得平	**四九**	**無所属**	**五, 六八六**	**〇. 九%**	

第18回参議院議員選挙（1998年）

当落	候補者名	年齢	所属党派	得票数	得票率	備考
当	峰崎直樹	五三	民主党	八〇四, 六一一	三一. 二%	
当	中川義雄	六〇	自由民主党	七二三, 七八六	二八. 一%	
	紙 智子	四三	日本共産党	六〇五, 一一九	二三. 五%	
	小野健太	三七	自由党	一六一, 五〇五	六. 三%	
	萱野志朗	**四〇**	**社会民主党**	**一四六, 一五九**	**五. 七%**	

第21回参議院議員選挙（2007年）

当落	候補者名	年齢	所属党派	得票数	得票率	備考
当	小川勝也	四四	民主党	一, 〇一八, 五九七	三六. 〇%	
当	伊達忠一	六八	自由民主党	七五七, 四六三	二六. 三%	
	多原香里	**三四**	**無所属**	**六二一, 四九七**	**二二. 〇%**	
	畠山和也	三五	日本共産党	二〇六, 四六三	七. 三%	

第46回衆議院議員選挙（2012年）

当落	候補者名	年齢	所属党派	得票数	得票率	備考
当	堀井 学	四〇	自由民主党	二一, 一四五	五五. 二%	
	山岡達丸	三三	民主党	六一, 六一六	二八. 一%	
	花井泰子	六九	日本共産党	二九, 二五七	一三. 三%	
	島崎直美	**五三**	**アイヌ民族党**	**七, 四九五**	**三. 四%**	

第二一回参議院議員通常選挙（二〇〇七年（平成一九年）七月二九日執行）
多原香里《たはらかおり》が新党大地・民主党・国民新党の推薦で、「アイヌ、若者、女性という今の日本では最も不利な立場に置かれる当事者として、国政に（弱者の）声を届けたい」「私は北海道の地域主義を確立したい。私はスイスに一〇年以上住んでいるが、ヨーロッパの公平主義を大事にしたい。アメリカを代表とする新自由主義は、ヨーロッパでは歓迎されていない」として立候補。惜しくも次点となるが、アイヌ民族としては、最高得票数を記録する。（五位以下の候補者の記録は省略した）
第四六回衆議院議員総選挙（二〇一二年（平成二四年）一二月一六日）北海道第九区
二〇一二年一月に結党されたアイヌ民族党から島崎直美が立候補するが、得票率三・四％で最下位に終わる。
第二三回参議院議員通常選挙（二〇一三年（平成二五年）七月二一日）
「資金難」により、アイヌ民族党は候補者擁立を断念するが、島崎直美は離党し、緑の党の比例代表として立候補。得票数僅か二、一二三票で惨敗。
緑の党は、比例代表で得票数四五七、八六二票の〇議席だった。

注

＊1　『アイヌ民族を生きる』「野村義一小伝」（藤本英夫、野村義一著、草風館、一九九六年八月）二〇二頁。

＊2　『野村義一と北海道ウタリ協会』「対談白老にて」（竹内渉編、草風館、二〇〇四年一〇月）二〇二頁。

＊3　花崎皐平《はなざきこうへい》によれば、「一九七〇年代以降、アイヌ民族の名誉と権利の回復運動は大きく前進した。その一つのきっかけは、北海道にも及んできた大規模開発の波であった」という。そして「北海道を本州のエネルギー基地化する計画に基づいて、一九七〇年、道南の太平洋側噴火湾内沿いの伊達市に大型の石油火力発電所建設が公表されると、漁民、農民を主体とする住民の反対運動が発足した。とくに古くからアイヌのコタン（集落）があった有珠地区のアイヌ漁民たちは、非暴力直接行動による抵抗を繰り返して、全島のアイヌ同胞に海や大地を守るよう行動で訴えた」という具体例を示している（『ピープルズの思想を紡ぐ』七つ森書館、二〇〇六年二月二日、一五七頁）。

＊4　一九六八年九月、円山陸上競技場で、天皇・皇后、佐藤栄作首相、在日外国高官、国会議員、開拓功労者やその子孫など総計約四万人を招いて行われた。開拓百年とは、日本政府が蝦夷地に箱館《はこだて》府を置くことを決めた一八六八年から数えた年で、その翌年には北海道と命名された（『風の吹きわける道を歩いて』花崎皋平著、七つ森書館、二〇〇九年一月、一三八頁）。

＊5　『ピープルズの思想を紡ぐ』（花崎皋平著、七つ森書館、二〇〇六年二月、一五七頁）。

＊6　一九三一～八九年。世界的に高名な彫刻家。開拓百年記念事業としての旭川市建立の銅像「風雪の群像」におけるアイヌ像が、従来のステレオタイプを踏襲していることに抗議した。七三年五月。自らデザインした旗を掲げて、札幌のアイヌとして初めてメーデーに参加した。父は、一九二六年に「解平社《かいへいしゃ》」を創立したメンバーの砂澤市太郎。『風の吹きわける道を歩いて』（花崎皋平著、七つ森書館、二〇〇九年一月）

から改変引用。

＊7 『アイヌ民族抵抗史増補版』（新谷行著、三一新書、一九七七年一月）二七九頁。

＊8 アイヌ文化保存対策協議会編、児玉作左衛門、犬飼哲夫、高倉新一郎監修、第一法規出版株式会社、一九六九年三月。

＊9 『学問の暴力』（植木哲也著、春風社、二〇〇八年六月、二二四～二二五頁）から抜粋引用した。

＊10 竹内渉、前掲書、二〇六頁。

＊11 この項は、『登別アイヌ協会と知里真志保を語る会』（登別アイヌ協会編集・発行、二〇一九年一一月）を参照した。

＊12 植木哲也、前掲書、二一三頁。

＊13 この項は、「北大イチャルパの経緯」（北海道アイヌ協会）を改変引用した。

＊14 『二風谷ダムを問う』（中村康利著、さっぽろ自由学校「遊」、二〇〇一年）。

＊15 同。

＊16 同。

＊17 同。

＊18 アイヌ人口は、統計として把握されていないが、仮に二五万人とすると、日本の総人口約一億二七〇〇万人（二〇一五年）の〇・二％程度しかない。「平成二五年度北海道アイヌ生活実態調査」により北海道が把握できた人数一万六七八六人を仮にアイヌ人口とすると、〇・〇一三％程でしかない。

＊19『平成八年度社団法人北海道ウタリ協会定例総会議案書』。
＊20『北海道新聞』一九九六年一二月一二日。
＊21『読売新聞』一九九七年七月九日。
＊22『北海タイムス』一九九七年七月一五日。
＊23『チャランケ』（結城庄司著、草風館、一九九七年七月）二一一頁。
＊24 講演文全文

各国政府代表部のみなさん、そして兄弟姉妹である先住民族の代表の皆さんにアイヌ民族を代表して、心からごあいさつ申し上げます。

また、ここの招待してくださったブトロス・ガリ国連事務総長、そして、アントワーヌ・ブランカ国連人権担当事務次長に対し心から御礼を述べたいと思います。

本日は国際人権デーですが、一九四八年に世界人権宣言が採択されて四五周年の、人類にとって記念すべき日に当たります。

また、国連先住民年の開幕の日として、私たち先住民族の記憶に深く刻まれる日になることも間違いありません。

これに加えて、本日一二月一〇日が、北海道、千島列島、樺太南部にはるか昔から独自の社会と文化を形成してきたアイヌ民族の歴史にとっては、特に記念すべき日となる理由がもう一つ存在します。

すなわち、それは、ほんの六年前の一九八六年まで、日本政府は私たちの存在そのものを否定し、日本は世界に類例を見ない「単一民族国家」であることを誇示してきましたが、ここに、こうして国連によって、私たちの存在がはっきりと認知されたという事であります。

もし、数年前に、このような式典が開かれていたとすれば、私は、アイヌ民族の代表としてこの演説をすることは出来なかったことでしょう。

私たちアイヌ民族は、日本政府の目には決して存在してはならない民族だったのです。しかし、ご心配には及びません。私は決して幽霊ではありません。皆さんの前にしっかりと立っております。

一九世紀の後半に、「北海道開拓」と呼ばれる大規模開発事業により、アイヌ民族は、一方的に土地を奪われ、強制的に日本国民とされました。

日本政府とロシア政府の国境画定により、私たちの伝統的な領土は分割され、多くの同胞が強制移住を経験しました。また、日本政府は、当初から強力な同化政策を押し付けてきました。

こうした同化政策によって、アイヌ民族は、アイヌ語の使用を禁止され、伝統文化を否定され、経済生活を破壊され、抑圧と収奪の対象となり、また、深刻な差別を経験してきました。川で魚を捕れば「密漁」とされ、山で木を切れば「盗伐」とされるなどして、私たちは先祖伝来の土地で民族として伝統的な生活を続けていくことができなくなったのです。これは、どこの地でも先住民族が共通に味わされたことであります。

第二次世界大戦が終わると、日本は民主国家に生まれ変わりましたが、同化政策はそのまま継続され、ひどい差別や経済格差は依然として残っています。

私たちアイヌ民族は、一九八八年以来、民族の尊厳と民族の権利を最低限保障する法律の制定を政府に求めていますが、私たちの権利を先住民族の権利と考えてこなかった日本では、極めて不幸なことに、私たちのこうした状況についてさえ政府は積極的に検討しようとしないのです。

しかし、私が今日ここにきたのは、過去のことを長々と言い募るためではありません。アイヌ民族は、先住民のための国際年の精神にのっとり、日本政府および加盟各国に対し、先住民族との間に「新しいパートナーシップ」を結ぶよう求めます。私たちは、現存する不法な状態を、我々先住民族の伝統的社会のもっとも大切な価値である、協力と話し合いによって解決することを求めたいと思います。私たちは、これからの日本における強力なパートナーとして、日本政府を私たちとの話し合いのテーブルにお招きしたいのです。

これは、決して日本国内の問題にだけ向けられたものではありません。

海外においても、日本企業の活動や日本政府の対外援助が各地の先住民族の生活に深刻な影響を及ぼしています。これは、日本国内における先住民族に対する彼らの無関心と無関係ではありません。新しいパートナーシップを経験することを通して、日本政府が、アイヌ民族に対するだけでなくすべての先住民族に対して責任を持たねばならないことを認識されるものと、私たちは確信を抱いております。

日本のような同化主義の強い産業社会に暮らす先住民族として、アイヌ民族は、さまざまな民族根絶政策（エスノイド）に対して、国連が先住民族の権利を保障する国際基準を早急に設定するよう要請いたします。また、先住民族の権利を考慮する伝統が弱いアジア地域の先住民族として、アイヌ民族は、国連が先住民族の権利状況を監視する国際機関を一日も早く確立し、その運営のために各国が積極的な財政措置を講じるよう要請いたします。

アイヌ民族は、今日国連で議論されているあらゆる先住民族の権利を、話し合いを通して日本政府に要請するつもりでおります。

これには、「民族自決権」の要求が含まれています。

しかしながら、私たち先住民族がおこなおうとする「民族自決権」の要求は、国家が懸念する「国民的統一」と「領土の保全」を脅かすものでは決してありません。私たちの要求する高度な自治は、私たちの伝統社会が培ってきた「自然との共存および話し合いによる平和」を基本原則とするものであります。これは、既存の国家と同じものを作ってこれに対決しようとするものではなく、私たち独自の価値によって、民族の尊厳に満ちた社会を維持・発展させ、諸民族の共存を実現しようとするものであります。

アイヌ語で大地のことを「ウレシパモシリ」とよぶことがあります。

これは、「万物が互いに互いを育てあう大地」という意味です。冷戦が終わり、新しい国際秩序が模索されている時代に、先住民族と非先住民族の間の「新しいパートナーシップ」は、時代の要請に応え、国際社会に大いに貢献することでしょう。この人類の希望に満ちた未来をより一層豊かにすることこそ私たち先住民族の願いであることを申し上げて、私の演説を終わりたいと思います。

イヤイライケレ。ありがとうございました。

＊25　『アイヌ民族の歴史』（榎森進著、草風館、二〇〇七年三月）五七七頁。

＊26　一九一〇年〜二〇〇二年、「アイヌ語は遺跡に埋まってはいない」とし、アイヌ文化の「活保存」を唱え、アイヌ語の祈り言葉の著書『キムスポ』を自費出版、また各地の儀礼の祭司を務めるなど、アイヌ語をはじめとするアイヌ文化伝承発展に努めた。
　このとき、リゴベルタ・メンチュウは、「偉大な長老にお会いさせていただき深く感謝する」とエカシに最大の敬意を表した。

＊27　自然と共生していたアイヌの人々の伝統的な生活の場（イオル）をイメージし、個別の伝承活動に必要な自然素材の供給を可能とする、自然を基本とする空間を形成する事業（アイヌ民族文化財団ＨＰから）。

＊28　沙流川《さるがわ》流域に古くから伝わる木製の平たい形状の盆。モレウノカ（渦巻き・形を模したもの）などのアイヌ文様、ラムラムノカ（ウロコ・形を模したもの）と呼ばれるウロコ彫りが特徴（平取町二風谷アイヌ博物館ＨＰから）。

＊29　沙流川流域の森が育むオヒョウ等の樹皮の内皮から作った糸を用いて機織りされた反物（同前）。

＊30　第五〇号（北海道ウタリ協会、一九八九（平成元）年三月三〇日）。

＊31　結城庄司著『チャランケ』（草風館、一九九七年七月）。

＊32　萱野茂他『アイヌ語が国会に響く　萱野茂・アイヌ文化講座』（草風館、一九九七年五月）。

＊33　前掲書。

＊34　『北海道新聞』二〇一六年一一月二〇日。

＊35　前に同じ。

＊36　＊23に同じ。

＊37　『アイヌ文化を伝承する　萱野茂アイヌ文化講座Ⅱ』「首都圏のアイヌ運動と実践」知里むつみ（萱野茂他、草風館、一九九八年七月）。

＊38　財団法人「ケーエスデー中小企業経営者福祉事業団」（KSD、現中小企業災害補償共済福祉財団）の創立者古関忠男が、「ものつくり大学」設置を目指し、数々の政界工作を自由民主党議員に対して展開したとされる汚職事件（ウィキペディアより）。

＊39　http://www2u.biglobe.ne.jp/~hakuzou/zaidan.htm から改変引用。

おわりに

二〇〇四年に『野村義一と北海道ウタリ協会』(草風館)を上梓するにあたって、「北海道ウタリ協会略史」を書いてから、戦後のアイヌ民族活動史について、アイヌ協会史、アイヌ協会歴代の理事長等の個人史や支部史などから研究を進めてきた。この間、『結城庄太郎研究報告書』(二〇〇五年)、『北海道アイヌ(ウタリ)協会史　研究1　報告書』(二〇〇六年)、『北海道アイヌ(ウタリ)協会史　研究2　報告書』(二〇〇七年)、『森久吉研究報告書　森久吉研究ノート』(二〇〇八年)、『小川佐助研究報告書』(二〇〇九年)、『北海道アイヌ協会登別支部史研究報告書』(二〇一〇年)として、その成果を発表してきた。本書は、それらをベースにしつつも、その後の研究成果を加えて、新たに編んだものである。まだまだ掘り下げの足りないことは自覚している。史料の発掘なども含めて、さらに追求していきたいと考えている。

一九五四年に埼玉県で生を受け、一九七四年から北海道に暮らし、縁があって一九七七年頃からアイヌ「問題」にかかわってきた。一九九三年から二〇一五年まで勤めた北海道アイヌ協会や我が家も「アイヌ社会」であり、非アイヌではあるが、「アイヌ社会」に暮らす者として、生来の怠け者故、時にはサボりながらではあるが、一貫して取り組んできた(つもり)。振り返ってみれば、いつしか、四〇年を越していた。

本書は、各種文献等を参照しつつも、筆者自らが体験した事項も多く含まれている。その時、その時の「アイヌの声」にできるだけ耳を傾けてきたつもりであり、「机上」だけの論考ではない、と密かに自負しているが、その評価は、読者諸兄姉に委ねたい。

大阪人権博物館の朝治武氏、ハンセン病市民学会・真宗大谷派の訓覇浩氏から助言・協力をいただき、編集者の松原圭氏の的確な校正・鋭い指摘を含んだ構成のおかげで、本書をまとめることができた。記して感謝したい。

二〇一九年五月「アイヌの人々の誇りが尊重される社会を実現するための施策の推進に関する法律（「アイヌ施策推進法」）」が施行された。アイヌを先住民族と、アイヌへの差別行為禁止とが明記されたことは、初めてのことであり、「第一歩」ということができるかもしれない。が、「先住権」には、触れずじまいで、差別禁止の具体的な規定もない。アイヌ民族の復権にむけて、歩みを止めるわけにはいかなさそうだ。引き続き、微力ながらも、（時にはサボりながらも）取り組んでいきたいと考えている。

最後に本書を編むにあたって世話になった方々のお名前を記して感謝したい。

野村義一、笹村二朗、藤本英夫、花崎皋平、細川一人、向井政次郎、澤井進、小名与市、宇南山正儀、萩中美枝、阿部一司、宇治義之、石田清、菊地玉枝、新井野貢、山本文利、野本勝信、

上野サダ、笹村一朗、増田又喜、村木美幸、野本正博、片山幹雄、森豊、田村弘子、長谷川繁美、上武やす子、菊地修二、盛義昭、高橋比登美、秋辺日出男、朝治武、訓覇浩、松原圭、金井宏司、組坂繁之、和田献一、片岡明幸、山本義彦、公文輝、林明子、山本みい子、大野徹人、吉田正司、古原敏広、小川正人、秋野茂樹、内田祐一、藪中剛司、田村将人、木原仁美、辻博、押野千恵子、熊谷カネ、堀悦子、八重樫志人、結城幸司、小坂博宣、合田克己、林明子、上武和臣、上武英二、武田真一、佐藤幸雄、貝澤和明、川上竜也、山住由香、富樫利一、清野良憲、橋場絵里子、竹内あけみ、北海道立図書館北方資料室、北海道博物館、新ひだか町博物館、苫小牧市立図書館、公益財団法人アイヌ民族文化財団、一般財団法人アイヌ民族博物館、登別市立図書館、室蘭市立図書館、石狩市立図書館、釧路市図書館、浦河町立図書館、様似町立図書館、白老町立図書館、国立国会図書館、草風館、サッポロ堂、公益社団法人北海道アイヌ協会、登別アイヌ協会、浦河アイヌ協会、様似アイヌ協会、（株）クルーズ（敬称略、順不同）

二〇二〇年五月

竹内 渉

主な参考文献

『アイヌ民族の歴史』（榎森進、草風館、二〇〇七年三月）
『アイヌ民族の歴史』（関口明他編、山川出版社、二〇一五年八月）
『竹ヶ原幸朗研究集成第2巻　近代北海道史をとらえなおす』「解平社の創立と近文アイヌ給与予定地問題」（竹ヶ原幸朗、社会評論社、二〇一〇年三月二五日）
『違星北斗遺稿集　コタン』（違星北斗、草風館、一九九五年三月）
『近代民衆の記録5　アイヌ』（谷川健一編、新人物往来社、一九七二年七月）
『アイヌ沿革誌』（喜多章明、北海道出版企画センター、一九八七年五月）
『近代北海道とアイヌ民族』（山田伸一、北海道大学出版会、二〇一一年五月）
八千代国際大学紀要『国際研究論集』（第七巻第二号、一九九四年七月）「アイヌ民族の『領土権』と植民地北海道」上村英明
『若きウタリに』（バチェラー八重子、岩波現代文庫、二〇〇三年一二月）
「小川佐助エカシ　馬師一代」（川上勇治、『エカシとフチ』編集委員会編、札幌テレビ放送、一九八三年）
『北海道社会事業』第一四四号（昭和二一年三月号、財団法人北海道社会事業
『日高新聞』（第一号、昭和二一年三月四日）
「調査報告　北海道アイヌ協会浦河支部創立当時のこと」（小川正人『北海道立アイヌ民族文化研究センター研究紀要第九号（二〇〇三年三月）』）

『バチェラー八重子の生涯』（掛川源一郎、北海道出版企画センター、一九八八年三月）
『エドウイン・ダンの妻ツルとその時代』（阿部三恵、道新選書、一九九五年九月）
『五〇年の歩み』（北海道ウタリ協会、一九九六年三月）
「幻のアイヌ独立論を追う」（増子義久『朝日ジャーナル』一九八九年三月三日号）
『野村義一と北海道ウタリ協会』（竹内渉編、草風館、二〇〇四年一〇月）
『北海道選挙大観』（山本紘照、第一法規、一九四九年）
『日高新聞』（第六〇号、昭和二二年五月二日）
『北の光』（北海道アイヌ協会、一九四八年一二月）
『アイヌ民族抵抗史増補版』（新谷行、三一新書、一九七七年一月）
『北海道新聞』（一九四七年五月二七日）
『旭川・アイヌ民族の近現代史』（金倉義慧、高文研、二〇〇六年四月）
『現代のアイヌ』（菅原幸助、現文社、一九六六年）
『チャランケ』（結城庄司、草風館、一九九七年七月）
『コタンに生きる人びと』（新谷行、三一書房、一九七九年九月）
『荒井源次郎遺稿　アイヌ人物伝』（荒井源次郎著、加藤好男編、一九九二年五月）
「先住民族の権利、アイヌ、そして日本」（手島武雅『論集いぶき』北九州市同和問題啓発推進協議会／編・発行、一九九一年三月）

『北海道立アイヌ民族文化研究センター研究紀要』第九号（二〇〇三年三月）
『先駆者の集い』第二一号（北海道ウタリ協会、一九七九年五月）
『アイヌ民族を生きる』（野村義一、草風館、一九九六年八月）
『学問の暴力』（植木哲也、春風社、二〇〇八年六月）
『アイヌ語が国会に響く　萱野茂・アイヌ文化講座』（萱野茂他、草風館、一九九七年五月）
『植民学の記憶―アイヌ差別と学問の責任―』（植木哲也、緑風出版、二〇一五年七月）
『北の風　南の風～部落、アイヌ、沖縄。そして反差別～』（竹内渉、解放出版社、二〇〇九年一一月）
『部落問題・人権事典』（部落解放・人権研究所、解放出版社、二〇〇一年一月）
『登別町史』（登別町、一九六七年）
『登別議会史』（登別市、一九七五年四月）
『結城庄太郎研究報告書』（竹内渉編、結城庄司研究会発行、二〇〇五年二月）
『北海道アイヌ（ウタリ）協会史　研究1報告書』（竹内渉編集、結城庄司研究会発行、二〇〇六年二月）
『北海道アイヌ（ウタリ）協会史　研究2報告書』（竹内渉編集、結城庄司研究会発行、二〇〇七年二月）
『森久吉研究報告書　森久吉研究ノート』（竹内渉編集・発行、二〇〇八年二月）
『小川佐助研究報告書』（竹内渉編集・発行、二〇〇九年二月）
『北海道アイヌ協会登別支部史研究報告書』（竹内渉編集・発行二〇一〇年二月）
『登別アイヌ協会と知里真志保を語る会』（登別アイヌ協会、二〇一九年一一月）

『近現代アイヌ文学史論』(須田茂、寿郎社、二〇一八年四月)
『首都圏に生きるアイヌ民族』(関口由彦、草風館、二〇〇七年一一月)
『アイヌ文化を伝承する　萱野茂アイヌ文化講座Ⅱ』(萱野茂他、草風館、一九九八年七月)
『ペウレ・ウタリ』(ペウレ・ウタリの会編集委員会編、ペウレ・ウタリの会、一九九八年三月)
『風の吹きわける道を歩いて』(花崎皋平、七つ森書館、二〇〇九年一月)
『ピープルズの思想を紡ぐ』(花崎皋平、七つ森書館、二〇〇六年二月)
『論集いぶき』「先住民族の権利、アイヌ、そして日本」手島武雅(北九州市同和問題啓発推進協議会編・発行、一九九一年三月)
『アイヌ問題のいま』(部落解放・人権研究所編・発行、二〇一七年五月)

竹内 渉（たけうち わたる）
1954年、埼玉県に生まれる。1979年北海道大学経済学部卒業。1983年に札幌アイヌ文化協会に参画。1993年から北海道アイヌ（ウタリ）協会に事務局員として勤務、事務局次長、事務局長兼常務理事を歴任し、2015年定年退職。
主な著書に、『結城庄司研究報告書』（竹内渉編、結城庄司研究会、2002年）、『野村義一と北海道ウタリ協会』（竹内渉編、草風館、2004年）、『結城庄太郎研究報告書』（竹内渉編、結城庄司研究会、2005年）、『北海道アイヌ（ウタリ）協会史　研究１報告書』（竹内渉編、結城庄司研究会、2006年）、『北海道アイヌ（ウタリ）協会史　研究２報告書』（竹内渉編、結城庄司研究会、2007年）、『森久吉研究報告書　森久吉研究ノート』竹内渉編・発行、2008年）、『小川佐助研究報告書』（竹内渉編・発行、2009年）、『北の風　南の風～部落、アイヌ、沖縄。そして反差別～』（竹内渉著、解放出版社、2009年）、「アイヌ民族『問題』の概要」他／竹内渉（『アイヌ問題の今』部落解放・人権研究所編・発行、2017年）などがある。

戦後アイヌ民族活動史

2020年6月30日　初版１刷発行

著者　竹内 渉

発行　株式会社 解放出版社
大阪市港区波除4-1-37 ＨＲＣビル３階 〒552-0001
電話 06-6581-8542　FAX 06-6581-8552
東京事務所
東京都文京区本郷1-28-36 鳳明ビル102A 〒113-0033
電話 03-5213-4771　FAX 03-5213-4777
ホームページ　http://www.kaihou-s.com/

装丁　上野かおる
カバー写真　製作者＝竹内あけみ　写真提供＝（株）クルーズ
印刷　モリモト印刷株式会社

ISBN978-4-7592-6793-8　NDC362　P192　19cm

障害などの理由で印刷媒体による本書のご利用が困難な方へ

本書の内容を、点訳データ、音読データ、拡大写本データなどに複製することを認めます。ただし、営利を目的とする場合はこのかぎりではありません。

また、本書をご購入いただいた方のうち、障害などのために本書を読めない方に、テキストデータを提供いたします。

ご希望の方は、下記のテキストデータ引換券（コピー不可）を同封し、住所、氏名、メールアドレス、電話番号をご記入のうえ、下記までお申し込みください。メールの添付ファイルでテキストデータを送ります。

なお、データはテキストのみで、写真などは含まれません。

第三者への貸与、配信、ネット上での公開などは著作権法で禁止されていますのでご留意をお願いいたします。

あて先

〒552-0001 大阪市港区波除4-1-37 HRCビル3F 解放出版社
『戦後アイヌ民族活動史』テキストデータ係

テキストデータ引換券
『戦後アイヌ民族活動史』
6793